Wachau

Franz und Rudolf Hauleitner

Wachau

mit Waldviertel, Dunkelsteinerwald und Strudengau

50 ausgewählte Wanderungen und Spaziergänge
im Bereich der Wachau
mit Touren im Nibelungen- und Strudengau
sowie im Waldviertel und im Dunkelsteinerwald

Mit 61 Farbfotos, 50 Wanderkärtchen im Maßstab 1: 50.000 und
1: 75.000 sowie einem Übersichtskärtchen im Maßstab 1: 600.000

BERGVERLAG ROTHER GMBH · MÜNCHEN

Umschlagbild:
Das Barockstädtchen Dürnstein zu Füßen der gleichnamigen Ruine.
Bild gegenüber dem Titel (Seite 2):
Die stolze Burg Werfenstein im Herzen des Strudengaus.

Alle Fotos stammen von den Autoren.

Kartographie:
Wanderkärtchen im Maßstab 1:50.000 / 1:75.000 und Übersichtskarten im Maßstab 1:600.000 / 1:1.500.000 © Freytag & Berndt, Wien
Kärtchen Touren Nr. 1, 30, 31, 32, 50
Kartographie Christian Rolle, Holzkirchen

Die Ausarbeitung aller in diesem Führer beschriebenen Wanderungen erfolgte nach bestem Wissen und Gewissen der Autoren.
Die Benützung dieses Führers geschieht auf eigenes Risiko.
Soweit gesetzlich zulässig, wird eine Haftung für etwaige Unfälle und Schäden jeder Art aus keinem Rechtsgrund übernommen.

3. Auflage 2005

ISBN 3-7633-4025-4

Wir freuen uns über jeden Korrekturhinweis zu diesem Wanderführer!

BERGVERLAG ROTHER · München
D-85521 Ottobrunn · Haidgraben 3 · Tel. (089) 608669-0
Internet www.rother.de · **E-Mail** leserzuschrift@rother.de

Vorwort

Geliebt und bewundert, von empfindsamen Künstlern gemalt, gepriesen und besungen, ist die Wachau eine der großen Attraktionen unter den Urlaubszielen der Donauregion. Weinterrassen, Marillengärten, schmucke Orte, Ruinen, Burgen, Klöster und das immer gegenwärtige, glitzernde »Silberband der Donau«, sie formen ein Landschaftsbild, das mit seinem südlichen, fast toskanischen Flair zu den bezauberndsten Mitteleuropas gehört. Dem wurde im November 2000 durch Aufnahme der Stromlandschaft in die Weltkulturerbe-Liste der UNESCO international Rechnung getragen.
Gemäß ihrer Bedeutung als Erholungs- und Urlaubsgebiet genießt die Wachau im vorliegenden Führer Priorität. Bemerkenswert, daß sie trotz Fremdenverkehr und Massenansturm bisher nichts von ihrer Originalität eingebüßt hat, zumal die Erhaltung der Substanz dieses landwirtschaftlich intensiv genutzten Gebietes im Interesse der ansässigen Bevölkerung liegt. Und das ist auch der Grund, warum die Talschaft trotz unbestrittener Aktivitäten der alpinen Vereine als Wanderrevier zum Teil noch ihrer Entdeckung harrt.
Der Wachau steht im Waldviertel und in den Hochflächen des Dunkelsteinerwaldes ein herber Landschaftstyp von geradezu nordischer Strenge gegenüber, der durch seine Gliederung in Felder-, Wiesen- und Waldparzellen, in exponierte rauhe Hochflächen und schutzbietende Waldgräben mit bizarren Felsformationen und rauschenden Bächen ideale Voraussetzungen für Spaziergänge, Wanderungen, Kanufahrten und Radtouren schafft.
Die Wandergebiete dieser so gegensätzlichen, als Teil der »Böhmischen Masse« jedoch zusammengehörenden Regionen, ihre Besonderheiten und Eigenart werden hier mit einer repräsentativen Tourenauswahl gewürdigt. Als Umgrenzung wird im Norden die tschechisch-österreichische Staatsgrenze, im Westen die Grenze nach Oberösterreich bis zu den Strengbergen, im Süden der Voralpenrand und die Pielach-Niederung bis St. Pölten und im Osten die Linie Traisental – Tullner Feld – Kamptal – Manhartsberg angenommen. In den Bereich gehören somit nicht nur Waldviertel, Wachau und Dunkelsteinerwald, sondern auch Hiesberg, Nibelungen- und Strudengau.
Fast alle Touren sind unschwierig und folgen gut bezeichneten Wegen. Sie können auch von weniger trainierten Wanderern, zum Teil auch von Kindern und älteren Leuten unternommen werden. Die mittlere Gehzeit pro Tour bewegt sich zwischen 3 und 3½ Stunden. Die als Obergrenze angesetzte Anstiegshöhe von 750 m wird nur einmal (Tour 26) überschritten, im Durchschnitt liegt sie bei 350 m. Nächtigung ist nicht erforderlich, es handelt sich also durchwegs um bequeme Halbtages- oder Tagesausflüge. Die Autoren wünschen allen Benützern dieses Führers schöne, erlebnisreiche Tage.

Wien, im Frühjahr 2005

Dr. Franz Hauleitner
Dipl. Ing. Rudolf Hauleitner

Inhaltsverzeichnis

Touristische Hinweise

Zum Gebrauch des Führers

Das *Inhaltsverzeichnis* informiert über den Aufbau des Buches und gibt einen Überblick über alle (nach Tourengebieten geordneten) Wanderwege. Nach den touristischen Hinweisen und einem Gebietsüberblick werden im Abschnitt *Wissenswertes von A bis Z* Sehenswürdigkeiten und Ausflüge sowie Gelegenheiten zu Sport und Unterhaltung angeführt. Danach folgen ein *Verzeichnis der Fremdenverkehrsämter* mit Anschriften und Telefonnummern sowie eine doppelseitige Übersichtskarte mit eingetragenen Tourennummern.
Jeder *Wandervorschlag* enthält neben dem stichwortartigen Routenverlauf und einer Kurzcharakteristik wichtige Informationen in Form eines »Steckbriefes«. Ihm folgt die Wegbeschreibung, die durch eine mehrfarbige Wanderkarte im Maßstab 1: 50 000 bzw. 1: 75 000 mit eingezeichneter Route und ein Farbbild ergänzt wird. Wichtiger Bestandteil des Führers ist das *Stichwortverzeichnis* am Schluß. Hier sind alle behandelten Gebiete, Ausgangspunkte, Stützpunkte und Tourenziele angeführt. Zusammen mit den beiden *Übersichtskarten* (S.36/37 und Umschlag-Rückseite), aus denen die Lage der einzelnen Touren ersichtlich ist, erleichtert es die Auswahl erheblich.

Anforderungen

Die meisten der hier beschriebenen Wanderungen verlaufen auf gut instand gehaltenen, markierten Steigen, Wegen und Forststraßen, sind also im alpinistischen Sinn leichte Unternehmungen. Trotzdem verlangen manche Touren Trittsicherheit, Schwindelfreiheit und etwas Ausdauer. Außerdem ist zu beachten, daß in den landwirtschaftlich teilweise intensiv genutzten Gebieten durch den Bau von Güterwegen oder durch Schlägerungen oft gravierende Änderungen in der Routenführung möglich sind.
Um die jeweiligen Anforderungen besser einschätzen und vergleichen zu können, werden die Nummern der einzelnen Tourenvorschläge mit verschiedenen Farben versehen. Aufgrund der natürlichen Gegebenheiten unterscheidet sich die nachfolgende Schwierigkeitsbewertung von jener in den Alpinführern. Es bedeuten:

BLAU

Unschwierig und nur wenig anstrengend. Meist gut bezeichnete Wege und Steige. Auch für Kinder und Senioren geeignet. Gesamtgehzeit bis 4 Stunden. Anstiegshöhe bis 500 m.

ROT

Unschwierige, jedoch längere Wanderungen. Abschnittweise unbezeichnete Wege und Steige, zum Teil auch weglos. Gesamtgehzeit bis 6 Stunden. Anstiegshöhe bis 800 m.

SCHWARZ
Lange, anspruchsvolle Unternehmungen in oft felsigem Gelände. Gesamtgehzeit und Anstiegshöhe wie bei Schwierigkeit ROT, aber steile, exponierte Steige, zum Teil auch gesicherte Steiganlagen. Mitunter Zuhilfenahme der Hände erforderlich. Nur für trittfeste, schwindelfreie Wanderer.

Gefahren

Obwohl die meisten der hier angeführten Wanderungen gebahnten Wegen folgen, ist bei Querung steiler Hänge, an rutschigen Wegpassagen mit nassem Laub sowie im tiefen, aufgeweichten Terrain (nach langen Regenfällen) Vorsicht am Platze. Eine gewisse Gefahrenquelle stellen auch die in der Wachau recht häufigen sommerlichen Gewitter dar.

Ausrüstung

Wanderschuhe mit Profilgummisohle, zweckmäßige Bekleidung sowie Rucksack mit Pullover, Regenschutz, Anorak und kleinerem Tourenproviant (Wasserflasche!) werden empfohlen.

Karten

Die den einzelnen Wandervorschlägen beigegebenen mehrfarbigen Karten mit Routeneintragungen sind ein wesentlicher Bestandteil des Führers. Als

An mehreren Stellen der Wachau verbinden Rollfähren die Donauufer.

Herbststimmung am Edlesberger Teich bei Martinsberg/Gutenbrunn.

ergänzende Orientierungshilfe sei die Freytag & Berndt-Wanderkarte im Maßstab 1: 50 000 mit den Blättern WK 071, WK 072, WK 073 und WK 111 sowie die »Österreichische Karte« 1:50 000 des Bundesamtes für Eich- und Vermessungswesen (Blätter 5, 35, 38 und 53) empfohlen.

Gehzeiten

Die Zeitangaben sind zwar reichlich bemessen, enthalten jedoch nur die *reine* Gehzeit. Es werden Anstiegs-, Abstiegs- und Gesamtgehzeit vermerkt, bei Rundwanderungen oder längeren Touren auch die Zeiten für Etappen.

Höhenunterschied(e)

Unter dieser Angabe ist jeweils die Summe der auf einer Tour im Anstieg bzw. im Abstieg zu bewältigenden Höhenunterschiede zu verstehen. Gegensteigungen werden also berücksichtigt!

Wegmarkierungen

Neben einer verschieden farbigen Markierung besitzen etliche Wege auch eigene Nummern. Ihr Auffinden wird dadurch erleichtert.

Schutzhütten, Gaststätten, Restaurants, Jausenstationen

Im Steckbrief findet man unter »Einkehrmöglichkeiten« alle an einer Wanderroute gelegenen Stützpunkte. Bei ihnen werden Nächtigungsmöglichkeit, Bettenzahl und Bewirtschaftungszeit sowie etwaige Ruhetage angeführt. Die angegebenen Bewirtschaftungszeiten sind nur Richtzeiten und können je nach Wetter von Jahr zu Jahr etwas schwanken.

Telefon

Für den Selbstwählverkehr gelten folgende Landeskennzahlen:

- aus Deutschland, Italien, Ungarn, Tschechien, Slowakei und der Schweiz nach Österreich: 0043
- aus Österreich nach Deutschland (0049), Italien (0039), Ungarn (0036), Tschechien (00421), Slowakei (00420) und in die Schweiz (0041). Achtung: Außer bei Italien entfällt bei der darauffolgenden Ortsnummer die erste Null!

Notrufnummern

In Österreich kann über die Telefonnummer 140 die Bergrettung verständigt werden. Bei einem Handy ist unter Verwendung der Europäischen Notrufnummer 112 der gleichzeitige Zugriff auf alle Netzbetreiber möglich (PIN-Code zuvor nicht eingeben!). Bei Wertkartenhandys kann der Notruf auch ohne SIM-Karte und ohne Guthaben gewählt werden.

Wetter

Wetterinformationen für Niederösterreich erhält man über den Österreichischen Rundfunk, Hörfunk und Fernsehen (auch Teletext), über Internet (www.zamg.ac.at) und das »Wetterphon« (erhöhter Tarif) der Fa. CompuTel:

- Österreichischer Alpenverein: Ostalpenwetter ✆ 0900 91 1566 82, regionales Ostalpenwetter ✆ 0900 91 1566 12 und 0900 91 1566 81.
- Offizieller Wetterdienst: Alpinwetter Niederösterreich ✆ 0900 91 1566 02 und Fax-Abruf 0900 5555 66 11, Bundesland-Wetter Niederösterreich ✆ 0900 91 1566 02 und Fax-Abruf 0900 5555 66 01, 5-Tagesprognose für

Abkürzungen

B.	=	Betten	orogr.	=	orographisch, talabwärts gesehen
bez.	=	bezeichnet, markiert	P	=	Punkt der Landkarte, Höhenkote
Bhf.	=	Bahnhof, Haltestelle	Rest.	=	Restaurant
ganzj.	=	ganzjährig	S	=	Süden
Ghf.	=	Gasthof	unbew.	=	unbewirtschaftet
Jst.	=	Jausenstation	unbez.	=	unbezeichnet, nicht markiert
L.	=	(Matratzen-) Lager	W	=	Westen
N	=	Norden			
O	=	Osten			

Wien, Niederösterreich und Burgenland ✆ 0900 91 1566 10, 5-Tagesprognose für Gesamtösterreich Fax-Abruf 0900 5555 66 10.

Fremdenverkehrsämter

Landesfremdenverkehrsämter und Informationsstellen:

Österreich Werbung, A-1040 Wien, Margaretenstr. 1, ✆ 01 / 58866-0, Fax -20.

Austria Urlaubsservice-Center, ✆ 0810 / 1018-18, Fax -19, urlaub@austria.info.

Niederösterreich-Werbung GmbH, A-1010 Wien, Fischhof 3, ✆ 01 / 53610-0, Fax -6062.

Oberösterreich-Tourismus, A-4041 Linz, Freistädter Straße 119, ✆ 0732 / 7277-100, Fax -130.

Regionale Fremdenverkehrsämter und Informationsstellen:

Donau-Niederösterreich-Tourismus-GmbH, Regionalbüro Wachau-Nibelungengau, A-3620 Spitz an der Donau, Schloßgasse 3, ✆ und Fax 02713 / 3006015.

Donau-Niederösterreich-Tourismus-GmbH, Regionalbüro Tullner Donauraum-Wagram, A-3430 Tulln, Minoritenplatz 2, ✆ 02272 / 67566, Fax -44

Tourismusregion Waldviertel, A-3910 Zwettl, Hauptplatz 4, ✆ 02822 / 54109, Fax -36.

Werbegemeinschaft Donau-Oberösterreich, A-4040 Linz, Lindengasse 9, ✆ 0732 / 7277-800, Fax -804.

Riesige Granitblöcke säumen die Ufer des Kleinen Kamp bei Rappottenstein (Tour 41).

Präsentation des Gebietes

Der Norden Niederösterreichs wird im wesentlichen von den alten Kristallingesteinen der »**Böhmischen Masse**« gebildet, deren höchste Erhebungen im Grenzbereich zwischen Tschechien, Deutschland und Österreich, im Bayerischen Wald, im Böhmerwald und am Nordwaldkamm zu finden sind. Die Hochflächen von **Waldviertel** und **Dunkelsteinerwald** sind somit Südausläufer dieser Masse, wobei ihre Gesteine allmählich unter Molassezone und Alpensockel untertauchen. Wer das Gebiet bereist, der erkennt rasch den Unterschied zwischen den abwechslungsreich kupierten Landschaftsformen des »**Weinsberger Granits**« im (höheren) westlichen Waldviertel und den einförmigen Plateaus im Gneisgebiet östlich davon. Man kann über die Entstehung von **Wachau** und **Strudengau** rätseln, über den »unlogischen« Lauf der Donau durch das harte Urgestein im Norden statt durch die Schotter- und Molassegebiete südlich davon, was letztendlich zur Abtrennung der zur Urgesteinsmasse gehörenden Gebiete **Dunkelsteinerwald**, **Hiesberg** und **Strengberge** geführt hat. Als Ursache wird heute das Phänomen eines »epirogenetischen Durchbruchstales« angenommen: Die Donau floß vor etwa 70 Millionen Jahren über die damals viel tiefer liegenden Gesteine und Ausläufer der Böhmischen Masse. Im Zuge der alpinen Gebirgsbildung und durch den dabei entstehenden Gesteinsdruck wurde die Böhmische Scholle um etwa 500 m gehoben. Somit mußte sich die Donau hier nur um etwa sieben Millimeter pro Jahrtausend einschürfen.
Nur 35 Kilometer lang ist die Donautalenge der **Wachau**, doch welch ein Reichtum an landschaftlichen und kulturellen Sehenswürdigkeiten liegt an dieser Strecke! Da ist die Provinzstadt **Krems** an der Ostöffnung der Talschaft zum Tullner Feld, Heimat- und Wirkungsstätte des berühmten Kremser Schmidt, Kunst- und Schulmetropole mit reicher, intakter Bausubstanz aus Gotik und Renaissance. Sie bildet mit dem westlich anschließenden Stadtteil **Stein** eine wirtschaftliche und kulturelle Einheit. Am südlichen Donauufer gegenüber liegt die uralte römische Befestigung **Mautern**, in der einst der Heilige Severin wirkte. Weiter südlich erhebt sich über **Furth** auf einem Ausläufer des Dunkelsteinerwaldes der schloßähnliche Bau von **Stift Göttweig**. Dem spanischen Escorial nachgebildet, in der Anlage jedoch noch größer, ist die Benediktinerabtei Torso geblieben. Sie beherbergt wie St. Florian, Melk und Klosterneuburg wertvolle Kunstschätze und bildet seit Jahrhunderten einen geistigen Mittelpunkt der Donauregion.
Straße, Bahn und Schiffahrt erschließen die Wachau, öffnen sie dem aus Ost oder West kommenden Besucher. Vorbei an den Weinorten **Ober- und Unterloiben** erreicht man über die Nordduferstraße (»Österreichische Romantikstraße«) das an steilen Felsflanken über der Donau »klebende« Städtchen **Dürnstein**, Barockjuwel und Magnet für alle Wachaugäste. Das auf einem Schwemmkegel gegenüber gelegene **Rossatz** ist ein echter Wachauer Win-

Blick von der Hohenwarther Höhe (Tour 10) auf Gerolding und Voralpen (Ötscher).

zerort mit malerischen alten Häusern, Kellern und Gassen. Die flußaufwärts gelegenen vier **Arnsdörfer** sind entferntere Fraktionen von Rossatz. Eine der attraktivsten Siedlungen am Nordufer ist fraglos der Markt **Weißenkirchen** mit schönem Ortsbild und malerisch auf einem Hügel stehender Kirche. Zu Weißenkirchen gehören auch die schmucken Hauerorte **Joching**, **Wösendorf** und **St. Michael**. Der reizvolle Markt **Spitz** zu Füßen des **Tausendeimerberges** ist Heimat einer bekannten Weinsorte, des Neuburgers. Spitz genießt als Winzerort besonderen Ruf und verdankt seiner herrlichen Umgebung den regen Zustrom aus Nah und Fern. Flußaufwärts verengt sich das Donautal allmählich. Über die Orte **Schwallenbach**, **Willendorf** und **Aggsbach** erreicht man das am Südufer gelegene prachtvolle **Schloß Schönbühel** und danach, am Westeingang zur Wachau, die Stadt **Melk** mit ihrem auf hohem Felsen thronenden Benediktinerstift, einer der herrlichsten Barockbauten des gesamten Donauraumes.
Wen drängt es nicht, dieses Landschaftsparadies zu erkunden, an **Heurigenkellern** vorbei, durch üppige **Wein-** und **Marillengärten**, charakteristische **Lößhohlwege** zu streifen von einem Hauerdorf, von einem Kunstjuwel zum anderen. Oder weiter oben, an sonnenwarmen Hängen mit malerischen Felsgruppen durch **Eichen-** und **Robinienwälder** zu wandern, fasziniert von den Ausblicken, die sich auf Donaustrom, Hauerorte, auf Burgen, Ruinen und Stifte ergeben, manchmal überrascht von Begegnungen mit grünschillernden **Smaragdeidechsen** – der beste Wachauer Wein ist nach ihnen

benannt – oder flinken **Äskulapnattern**, von denen es an den Donauufern nicht wenige gibt. Und auch der sportlich interessierte kommt auf seine Kosten. So werden die berühmten **Treppelwege** beiderseits der Donau alljährlich von zahllosen Radfahrern frequentiert, und die aus den Wäldern wuchtig aufragenden Felswände und -türme locken Kletterer zu gewagten Manövern. Hier muß der unvergleichliche **Dürnsteiner Klettergarten** nahe der **Ruine Dürnstein** erwähnt werden, der nicht nur wegen des eisenharten Gneisgesteins, sondern auch landschaftlich zu den schönsten seiner Art im außeralpinen Teil Österreichs zählt.

Bei **Melk-Emmersdorf** weitet sich das Donautal zum sanften Hügelland des **Nibelungengaues** mit seinem Prunkstück, der auf einem Hügel stehenden Wallfahrtskirche **Maria Taferl**. In den Nibelungengau münden von Norden die wegen ihres milden Klimas geschätzten Talschaften der **Ysper** und des **Weitenbaches**. Hufeisenförmig umschließen sie den mächtigen Bergstock des **Ostrong**.

Oberhalb **Ybbs** betreten wir die Enge des **Strudengaues**, die sich zwar weniger fruchtbar, aber ebenso eindrucksvoll gibt wie jene der Wachau. Die zur Donau absinkenden Bergflanken sind hier niedriger, dafür aber so steil, daß an den schmalen Uferstreifen kaum Platz für Siedlungen oder Anbauflächen bleibt. Die Stromschnellen der Donau zwischen **Grein** und **St. Nikola** waren früher gefürchtete Prüfsteine für die Donauschiffer. Erst durch den Rückstau des **Kraftwerkes Ybbs-Persenbeug** konnte diese gefährliche Passage entschärft werden.

Das **Waldviertel**, jenes vom Klima nicht gerade bevorzugte Hochland zwischen oberösterreichischer Grenze und Manhartsberg, wird seiner Bezeichnung heutzutage nicht mehr überall gerecht, setzt doch ein abwechslungsreiches Nebeneinander von Wiesen, Weiden, Felskuppen und Waldparzellen häufig die Akzente. Aber es gibt auch noch große Waldgebiete wie etwa den **Weinsberger Wald** oder den **Nordwaldkamm** an der Grenze zu Tschechien. Die nach Osten langsam absinkende Hochfläche wird von den Flußadern **Thaya**, **Kamp** und **Krems** durchfurcht, die sich tief in die Gesteine der Böhmischen Masse eingegraben haben. Wer an den Ufern dieser Flüsse wandert, gelangt in einsame, ursprüngliche Gebiete, deren wilde Felsszenerien jenen der Wachau durchaus ebenbürtig sind. Und ganz im Norden finden sich Gegenden, die mit ihren Mooren, Teichen, Birkenbeständen und Hutweiden an Landschaften Skandinaviens erinnern. Das Gebiet um **Weitra** und **Gmünd** etwa liegt bereits jenseits der **Europäischen Wasserscheide** und entwässert zur Nordsee. Wer an Kunst und Kultur interessiert ist, findet im Waldviertel ein vielfältiges Angebot. Denn es besitzt eine Reihe hervorragender geistiger Zentren wie etwa die Stifte **Zwettl**, **Geras** oder **Altenburg**, zudem ist es reich an Burgen und Schlössern, die das an natürlichen Verteidigungswällen arme Land vor Einfällen aus dem Norden Jahrhunderte hindurch geschützt haben.

Wissenswertes von A bis Z

Nachstehende Angaben zu Sehenswürdigkeiten, Ausflugszielen, Sport- und Unterhaltungsmöglichkeiten sind als Anregung gedacht. Sie enthalten lediglich Kurzinformationen.

Aggsbach-Dorf: Alte Römersiedlung am südlichen Donauufer, 830 als »Accusabah« erstmals erwähnt. Besuch von Kirche und Kloster der ehem. Kartause Marienpforte (auch »Kartause Aggsbach«), 1380 von Heidenreich von Maissau gestiftet, 1782 unter Kaiser Joseph II. aufgehoben, wobei wertvolle Kunstschätze in die Stifte Herzogenburg und Maria Langegg gelangten. Sehenswert die »Alte Hammerschmiede«, die letzte Anlage dieser Art in Österreich (bis 1956 in Betrieb!).

Aggsbach-Markt liegt am nördlichen Donauufer. Eiszeitlicher Lagerplatz der Mammutjäger, 830 erstmals erwähnt. Pfarrkirche Mariä Himmelfahrt, eine spätromanische Pfeilerbasilika (13. Jh.). Beachtenswert der 1726 von Jakob Prandtauer erbaute Pfarrhof. Besuch des Hubhofes (siehe dort!).

Aggstein, Burgruine: Ein Wahrzeichen der Wachau, nach Anlage und Position den berühmten Schlössern Ludwig II. ebenbürtig. Die auf einer Felsschulter 300 Meter über dem rechten Donauufer stehende Ruine war einst eine der mächtigsten Burgen des Landes. Ihre beherrschende Lage ermöglichte die Kontrolle des gesamten Stromverkehrs. 1100 von Manegold III. von Aggsbach-Werde erbaut, von 1181 bis 1335 im Besitz der Kuenringer. 1429 erwarb Georg Scheck vom Wald, der sog. »Schreckenwalder« die Burg, der wie seine Nachfolger Georg von Stein und Ulrich von Grafenegg nach der Sage als Raubritter seine Opfer ausbeutete. Seit 1685 im Verfall. Ruinen-Gastwirtschaft. Beliebtester Zugang von Maria Langegg (Tour 8). Zufahrt vom Ort Aggstein, 2 km. Von der Anhöhe nordöstl. oberhalb der Ruine herrlicher Donautal- und Alpenblick (gesamter Zeitaufwand ¾ Std.).

Albrechtsberg an der Krems: Markt am Waldviertelplateau über den Tälern der Großen und Kleinen Krems. Gewaltige, zinnengekrönte Burg (11. Jh.) und barocke Pfarrkirche.

Altenburg: Ort und Benediktinerabtei über dem Kamptal, südwestlich von Horn. 1144 durch die Gräfin Hildburg von Poigen gegründet, 1645 von den Schweden zerstört. Das heutige Barockstift wurde 1730-43 durch Baumeister J. Munggenast errichtet und von dem Maler P. Troger in höchster Vollendung ausgestattet. Sehenswert sind Kirche, Bibliothek, Kaiserstiege und Krypta. Ausstellungen, Sommerspiele, Konzerte.

Arbesbach: Markt im westl. Waldviertel mit Ruine einer auf hohem Felsen errichteten Kuenringerburg (»Stockzahn des Waldviertels«). Im 12. Jh. als »Arwaizpach« erwähnt, seit 1542 Verfall der Burg. Sehenswert die spätbarocke Pfarrkirche St. Ägidius (1772), der Pranger, das Herrenhaus (16. Jh.) sowie der auf einer Anhöhe stehende Galgen (letzte Hinrichtung 1728). Von der Plattform am Burgbergfried prächtige Rundsicht.

Artstetten: Markt im Nibelungengau auf einer Terrasse über dem Donautal. Viertürmiges Schloß mit Kirche (17. Jh.), seit 1823 im Besitz der Habsburger. Letzte Ruhestätte des am 28. Juni 1914 in Sarajewo ermordeten österreichischen Thronfolgerpaares Franz Ferdinand und Sophie. Drehort der Fernsehreihe »Donauprinzessin«. Schloßcafé (zwischen 1. April und 1. November von 9.00 bis 17.30 Uhr geöffnet).

Aubergwarte, 811 m, südlich von Zwettl. Umfassender Rundblick über das zentrale Waldviertel. Zugang vom Parkplatz an der Straße Großgöttfritz – Engelbrechts (gesamter Zeitaufwand 20 Min.).

Bärnkopf: Ort im Weinsberger Wald. Eine der ersten Langlauf-Adressen Österreichs. Besteigung des Weinsberges (gesamter Zeitaufwand 2 Std.).

Blashäuser: Um die Aggsteiner Raubritter auf einen Überfall vorzubereiten, gab es donauaufwärts eigene »Blashäuser« (siehe Tour 10), von denen Hornisten das Herannahen beladener Schiffe ankündigten.

Dachbergwarte, 383 m, auf einer Waldkuppe über dem linken Donauufer westlich von Emmersdorf. Herrlicher Blick in das Donautal, auf Stift Melk und zu den Voralpen. Auffahrt von Emmersdorf oder Schloß Luberegg nach Rantenberg (2 km), von dort zu Fuß auf blau bez. Fahrweg zur Warte (Schlüssel in Rantenberg, Haus Nr. 5; gesamter Zeitaufwand ½ Std.).

Donau-Brücken: Gibt es in Krems, Stein/Mautern, Melk/Emmersdorf und Ybbs/Persenbeug.

Donau-Fähren (Roll- und Motorfähren): Sie verkehren zwischen Dürnstein und Rossatzbach (nur für Personen und Fahrräder), Weißenkirchen und St. Lorenz (Autofähre), Spitz und Arnsdorf (Autofähre), Pöchlarn und Klein Pöchlarn (Autofähre), Marbach und Krummnußbaum (nur für Personen und Fahrräder).

Donauschiffahrt: Zwischen Krems und Melk verkehren von Anfang Mai bis Ende Oktober die Schiffe der Gesellschaften Ardagger, Blue Danube und Brandner mit Anlegestellen in Melk, Spitz, Weißenkirchen, Dürnstein und Krems. Struden- und Nibelungengau (Stationen in Ardagger, Grein, Ybbs, Marbach, Pöchlarn und Melk) werden nur von Ardagger abgedeckt.

Donauuferbahn: Die Züge der Bahnlinie Krems – St. Valentin verkehren im Abschnitt Wachau im Ein- bis Zweistundenintervall.

Dunkelstein: Bewaldete Felskuppe (625 m) im Süden des Dunkelsteinerwaldes, von der Ruine Hohenegg auf gutem Weg in ¾ Std. zu erreichen.

Dürnstein: Reizendes Städtchen am steilen Nordufer der Donau. Seiner Lage, des Ortsbildes und der Kunstschätze wegen »Perle der Wachau« genannt. Alte Kuenringer-Gründung (12. Jh.). Historisch gesichert ist die Gefangennahme des englischen Königs Richard I. (»Richard von Löwenherz«) auf der Rückreise vom 3. Kreuzzug im Winter 1192/93, nicht belegt hingegen die Erzählung vom Sänger Blondel. Sehenswert sind das barokke Augustiner-Chorherrenstift (im 15. Jh. gegründet, 1788 aufgelöst; Pläne J. Munggenast, J. Prandtauer und M. Steinl) mit prachtvollem Stiftshof, die auf hohem Felsen stehende Pfarrkirche Mariä Himmelfahrt mit blau-weiß getünchtem Kirchturm (Stukkaturen von S. Bussi, Gemälde des Kremser Schmidt), die mittelalterliche Wehrmauer, die ehem. frühgotische Pfarrkirche Hl. Kunigunde (13. Jh.), das ehem. Klarissinenkloster (14. Jh.), das Renaissanceschloß (17. Jh.), das Rathaus, die Kuenringerburg (seit 1645 Ruine; Tour 16) sowie das von J. Prandtauer 1714 erbaute Kellerschlößl. Lohnende Fahrt mit dem Dürnsteiner Bummelzug, an Wochenenden (sonst nach Voranmeldung: ✆ 0699 / 17180002) stündlich zwischen 9 und 18 Uhr durch die Obst- und Weingärten zwischen Dürnstein und Unterloiben.

Egelsee besitzt ein Motorradmuseum mit vielen Raritäten und Unikaten.

Festspiele, Sommerspiele: Festspiele Kamptal »Opern Air« in Gars, Sommerspiele Melk, Wald4tler Hoftheater in Pürbach/Schrems, Theaterfest St. Pölten, Sommerspiele und Kammermusik-Festival auf Stift Altenburg, Grafenegger Schloßkonzerte und Grafenegger Advent, Woche der Romantischen Musik auf Grafenegg, Orgelkonzerte Maria Langegg, Musik-Festival Gföhl, Karl-May-Festspiele Gföhl, Volksmusik-Festival Krems, Ost-West-Musikfest, Schloßfestspiele Haindorf, Göttweiger Stiftskonzerte, Orgelkonzerte Stift Geras, Internationale Barocktage Stift Melk, Konzerte in St. Michael (Wachau), St. Pöltner Festwochen, Donau-Festival, St. Pöltner Barockfestival, Orgelfest Stift Zwettl, Kerzenlichtkonzerte Schloß Greillenstein und Schloß Rosenburg.

Gars am Kamp: Hauptort des unteren Kamptales. Altes Siedlungsgebiet der Illyrer, Kelten und Slawen (Ausgrabungen auf der »Schanze«), im 11. Jh. Residenz der Babenberger. Aus dieser Zeit stammen die vielen Burgen und Wehranlagen rund um den Ort. Bekannter Kur- und Badeort mit dem Bio-Trainingszentrum Prof. Willi Dungl. Festspiele Kamptal »Opern Air« (Freilicht-Opernaufführungen vor der Ruine).

Geologische Lehrpfade: Zu erwähnen sind der »Geologische Lehrpfad Mautern« in einen südlich des Ortes gelegenen Lößgraben (dort Gesteinsproben und Informationstafeln über den geologischen Aufbau Niederösterreichs; Zeitaufwand 1¼ Std.) sowie der »Geologische Lehrpfad Hartenstein« von der Maigenmühle zur Burg Hartenstein und weiter zum Zwickl (Zeitaufwand 1 Std.).

Gföhl: Stadt im südlichen Waldviertel, an der Straße Krems – Zwettl. Bereits vor dem 11. Jh. erwähnt. Sammelpunkt der für die Landesfürsten bestimmten Abgaben (Gföhl = fälliger Zins). Altes Rathaus (17. Jh.), Denkmal für die durch den Waldviertelroman »Die Rosse des Urban Roithner« bekannt gewordene Dichterin Imma von Bodmershof. »Karl-May-Festspiele« im Juli und August.

Gmünd: Nahe der Grenze zu Tschechien, exakt am 15. Meridian (er bestimmt die Mitteleuropäische Zeit) gelegene Stadt im nördlichen Waldviertel. Im 12. Jh. von den Kuenringern angelegt. Aufschwung durch den Bau der Franz-Josefs-Bahn von Wien nach Prag (1869–71), im Vertrag von Saint-Germain (1919) zweigeteilt, wobei der Westteil zur Tschechoslowakischen Republik gelangte. Rathaus aus der Renaissance (16. Jh.), Schloß (15./16. Jh.), gotische Pfarrkirche St. Stephan mit Wandmalereien (13. Jh.), Glas- und Steinmuseum. Naturpark »Blockheide Eibenstein-Gmünd« (siehe Tour 49). Wassersport im nahen Assangteich.

Gneixendorf: Ort nordöstlich von Krems. Schönes Schloß, ein alter Wasserhof der Zisterzienserabtei Baumgartenberg (Oberösterreich). Ab 1820 im Besitz des Apothekers Johann van Beethoven, Bruder des berühmten Komponisten, der 1826 hier einen Sommer verbrachte und dabei das Streichquartett op. 135 schrieb.

Gobelsburg: Ort und Schloß nahe Langenlois im Kamptal. Das Schloß (heute mit dem Österreichischen Museum für Volkskunde und dem Kloster-Wein-Archiv) ist Stammsitz der Kuenringer und wurde 1724 von J. Munggenast barockisiert.

Göttweig, Stift: Großartige Klosteranlage, das »österreichische Montecassino«, südlich von Krems, auf einer Ausläufer-Erhebung des Dunkelsteinerwaldes. Noch im Mittelalter hieß dieser Hügel keltisch »Kettweih« oder

Die Stiftskirche von Göttweig (Tour 2).

»Chotwich« (= kleiner Hügel). 1072 wurde unter Bischof Altmann von Passau die Erentrudiskirche errichtet, 1083 entstand ein Augustiner-Chorherrenstift, das 1094 von Benediktinern aus St. Blasien im Schwarzwald besiedelt wurde. Nach dem Brand von 1718 barocker Ausbau durch den Wiener Hofarchitekten L. v. Hildebrandt. Die ursprünglichen Pläne wurden jedoch nur zu zwei Drittel verwirklicht. Fertiggestellt wäre Göttweig die gewaltigste Klosteranlage des Donauraumes geworden. Herrliche »Kaiserstiege« mit Deckenfresko von P. Troger, ferner Fürstenzimmer, Kaiserzimmer, Altmannisaal, Stiftskirche Mariä Himmelfahrt, Krypta und Kreuzgang. Bis heute fehlen die große Kuppel der Kirche, der Kaisersaal und ein zweites Treppenhaus. Göttweiger Stiftskonzerte. Wanderungen (siehe Tour 2), Führungen, Ausstellungen, Restaurant, Großparkplatz. Zufahrt von Krems, Furth und Paudorf.

Grafenegg, Schloß: 10 km östlich von Krems im Mündungsgebiet des Kamp in die Donau gelegenes Schloß, eines der bedeutendsten Werke des romantischen Historismus in Österreich. Erster Bau im 13. Jh., der heutige im Filigranstil der englischen Tudorgotik wurde zwischen 1845 und 1872 errichtet, die kostbare Inneneinrichtung 1945 von sowjetischen Truppen fast zur Gänze zerstört. Die wiederhergestellten Räumlichkeiten vermitteln nur eine Ahnung vom einstigen Prunk! Ausstellungen, Lesungen, Meisterkurse, Tanzseminare, Konzert- und Theateraufführungen, »Grafenegger Advent« Anfang Dezember; Schloßtaverne.

Greillenstein, Schloß: Großartiges Renaissanceschloß westlich von Horn mit barocker Gartenanlage und schönem Arkadenhof. Von Hans Georg III. von Kuefstein 1570–1590 erbaut. Schloßkonzerte, Vernissagen.

Grein an der Donau: Stadt am Westeingang in den Strudengau. Die hohen Zollgebühren brachten der Stadt (das »goldene Städtchen«) ihren Wohlstand. Spätgotisches Schloß Greinburg (1493) mit Arkadenhof, Rittersaal und spätgotischem Saal (Zellengewölbe!). Heute ist im Schloß das Oberösterreichische Schiffahrtsmuseum untergebracht. Grein besaß bereits 1790 ein Stadttheater, dessen Räumlichkeiten noch bespielt werden. Sehenswert ferner die spätgotische Pfarrkirche St. Ägyd mit bühnenartigem Hochaltar (1747), das Rathaus (1562), das ehem. Franziskanerkloster (1621) und das Café »Blumensträußl.«

Großsiegharts: Stadt im nördlichen Waldviertel. Im 18. Jh. ein Textilzentrum, wo Facharbeiter aus Sachsen, Brabant und Schwaben den Niederländischen Barchent anfertigten. Im 19. Jh. bedeutende Bandweberei (»Bandlkramerland«). Barocke Pfarrkirche mit Deckenfresken von C. Carlone, Renaissanceschloß (16. Jh.).

Großpertholz, Bad: Markt und Moorbad am Rande des Naturparks »Nordwald« südlich von Weitra. Ehem. gotische Kirche (1689–1779 barockisiert) und sehenswertes Schloß (nach 1653 erbaut, 1740 barockisiert). Haltestelle der Waldviertler Schmalspurbahn (siehe dort).

Gurhofgraben: Der Gurhof- oder Mitterbachgraben bei Aggsbach-Dorf ist eines der kleinsten Naturschutzgebiete Österreichs mit seltenem Serpentinvorkommen. Der dunkelgrüne Serpentin verwittert schwer und liefert nährstoffarme Böden mit kümmerlicher Vegetation (Reliktföhrenwälder, Zwergstrauchheiden, Blaugras, Trockenrasen). Man durchwandert den 4 km langen Graben vom Ghf. »Zur Kartause« auf guter Forststraße (gesamter Zeitaufwand 2 Std.).

Gutenbrunn: Markt am Ostrand des Weinsberger Forstes, nach einer eisenhaltigen Quelle benannt, an der Maria-Taferl-Wallfahrer früher gerne Rast hielten. Schloß (1771) mit Kapelle Mariä-Heimsuchung. Bekanntes Langlaufzentrum. Ausflüge zu Fuß oder per Kfz zum Edlesberger Teich (2,5 km, Restaurant; Bild S. 10) und nach Bärnkopf.

Hardegg an der Thaya: Alte Grenzstadt an der Thaya. Viertürmige Burg (12. Jh.) mit dem Maximilian-von-Mexiko-Museum. Pfarrkirche mit Grabmahl Ferdinand III. Grenzübertritt Österreich/Tschechien nur für Radfahrer und Fußgänger.

Hartenstein, Burg: Ehem. Kuenringerburg (12. Jh.) auf hohem Fels im Tal der Kleinen Krems. Am Westfuß des Ruinenfelsens die 1884 entdeckte, 22 m lange Gudenushöhle, die schon vor 50 000 Jahren bewohnt war.

Heidenreichstein: Städtchen nordöstlich von Gmünd mit der größten erhaltenen Wasserburg (12. Jh.) Niederösterreichs. Führungen zwischen 15. April und 15. Okt. täglich außer Montag. Moor- und Torfmuseum am Ortsrand, Naturpark »Hochmoor-Gemeindeau«. Theateraufführungen der Laienbühne »Hainrichstain«.

Herzogenburg: Kleinstadt im Traisental, deren Name von einer Burggründung der Herzöge Wilhelm II. und Engelschalk I. um 870 stammt. Erste Pfarrkirche von 1014, seit 1244 Stiftskirche. 1743–85 Bau der neuen Stiftskirche. Formenreicher Turm (nach Entwürfen Fischer von Erlachs), der über einem von vier Säulen getragenen Zylinder die Nachbildung des bayerischen Herzoghutes trägt. Im Inneren Malereien von B. Altomonte, Hochaltarbild von D. Gran, prachtvolle Orgelempore von J.J. Henke (1750). Das Stift wurde nach Plänen J. Prandtauers, Fischer von Erlachs und J. Munggenasts gestaltet. Sehenswert sind Festsaal, Bibliothek, Sakristei, Bildersaal und Schatzkammer.

Heuriger: Unter dem »Heurigen« wird in Österreich der junge Wein des letzten Jahrgangs zwischen dem Martinitag (11. Nov.) des aktuellen Jahres und jenem des darauffolgenden Jahres verstanden. Da der »Heurigenwein« vorwiegend beim Hauer, also in Kellern und Winzerhäusern zu kaufen ist, hat sich die Bezeichnung »Heuriger« als Alternative zum Begriff »Buschenschenke« eingebürgert. Begleitet von Heurigenmusik (»Schrammelmusik«) werden dort neben jungem und altem Wein sogenannte »Brettljausen« mit vorwiegend kalten Speisen angeboten.

Hiesbergwarte: Siehe Senftenberg!

Hohenegg, Ruine: Reste einer stolzen Burg (12. Jh.) der Herren Montecuccoli über dem Pielachtal, am Abhang des Dunkelsteinerwaldes. Seit 1850 in Verfall. Schöner Blick gegen das Alpenvorland. Von Hafnerbach mit Kfz zu erreichen, 3 km.

Hollenburg: Stattlicher Markt (seit 1359) an der Donau südöstlich von Krems mit spätgotischer Pfarrkirche Mariä Himmelfahrt. Am westlichen Ortseingang die Reste der alten Burg »Bertoldstein« (1248), daneben das Geymüllerschloß (1812–14). Nahe dem Schloß befand sich früher eine Mühle mit dem größten Mühlrad Niederösterreichs! Südlich über Hollenburg steht auf dem Schiffberg die weithin sichtbare Wetterkreuz-Kirche (siehe dort und bei Tour 1).

Horn: Westlich des Manhartsberges in einem Becken gelegene Stadt. Im Mittelalter ein Zentrum des Protestantismus im Waldviertel (»Horner Bund«). Im 17. Jh. bedeutende Tuchmachersiedlung. Gotische Stadtpfarrkirche St. Georg (1593), barockes Schloß (18. Jh.), Höbarthmuseum (urgeschichtliche Sammlung, Mineralien- und Antikensammlung, volkskundliche Sammlung, Räuberhauptmann-Grasel-Dokumentation) und Madermuseum (agrartechnische Sammlung).

Hubhof: Wehrhof aus dem 12. Jh. am Waldviertelplateau östlich von Maria Laach mit Erlebnispark und Restaurant. Von Ostern bis 10. Sept. tägl. von 10.00 bis 17.00 Uhr geöffnet. 3 km von Aggsbach bzw. Maria Laach.

Imbach: Ort im Kremstal zwischen Rehberg und Senftenberg. 1280 von Dominikanerinnen errichtete Pfarrkirche Mariä Geburt, das älteste zweischiffige Gotteshaus Österreichs mit herrlicher Katharinenkapelle (heute Josefskapelle, 14. Jh.) und Heiliggrabkapelle. Die feingliedrigen Strebepfeiler und Rippengewölbe geben der Anlage südländischen Reiz. Barokker Hochaltar mit Muttergottesstatue (1300), Gnadenbild »Madonna im Ährenkleid«, Sakramentsnische (1400), Rosenkranzmadonna (Kremser Schmidt) und Renaissance-Orgel.

Jauerling: Höchste Erhebung der Wachau und des südlichen Waldviertels. Zur Zeit der Türkeneinfälle Wachtberg in der »Kreidfeuerkette« nach Arbesbach. Rundsicht vom Wienerwald bis zum Watzmann bei Salzburg! Das Gipfelplateau ist Naturpark (siehe Tour 26 und 27). Am Südgipfel (Burgstock, 957 m) 140 m hoher ORF-Sendemast und Aussichtsturm. Der Nordgipfel (»Franz-Josefs-Höhe«, 959 m) trägt ein Gipfelkreuz. Mit Kfz von Maria Laach (6 km) oder von Spitz über Gut am Steg (10 km) zu erreichen. Lohnende Fußanstiege. Der Jauerling gehört zu den wenigen Skibergen der Wachau (Schlepplift in Oberndorf; Tourenabfahrt nach Gut am Steg, 700 m Höhendifferenz!).

Joching: Wachauer Winzerort am linken Donauufer, 1259 als »Jeuching« erwähnt. Sehenswert der »St. Pöltner Hof« J. Prandtauers (jetzt nach ihm benannt!), ein Lesehof des ehem. Augustiner-Chorherrenstiftes St. Pölten mit schöner Kapelle.

Kamptalwarte, 351 m, auf dem Heiligenstein bei Zöbing (dort Schlüssel im Ghf. Gutmann). Rundblick über Kamp- und Donautal (siehe Tour 33).

Kleinwien: Weiler im Tal der Fladnitz zwischen Göttweiger Berg und Waxenberg (siehe Tour 2). Sehenswert die erhöht stehende Kirche Hl. Blasius, 1437–47 erbaut, 1733 barockisiert. Bahnstation. Bekannter Gasthof Schickh.

Kollmitzberg: Wunderbarer Aussichtsberg südlich von Grein mit spätgotischer Wallfahrtskirche Hl. Ottilie. Panoramablick vom Schneeberg bis zum Traunstein und über das Donautal. Der berüchtigte Greiner Strudel wurde im Mittelalter meist über Ardagger, Kollmitzberg und Neustadtl umgangen, was die Entwicklung des Ortes zu einem bedeutenden Marktplatz forcierte. »Schusterkirtag« im September.

Krems an der Donau: Nördlich der Donau, an der Öffnung der Wachau gegen das Tullner Feld gelegene Stadt, die mit Stein eine Einheit bildet. Seiner gut erhaltenen alten Bausubstanz wegen eine der schönsten Donaumetropolen. Altes Siedlungsgebiet (1988 Fund der 30 000 Jahre alten Statuette »Venus vom Galgenberg«), als »urbs chremisa« 995 erstmals erwähnt, wurde Krems unter den Jesuiten und Piaristen zu einer bedeutenden Schulstadt. Sehenswert sind das Steiner Tor (1480), die Obere und Untere Landstraße mit schönen Bürgerhäusern, die Pfarrkirche St. Veit (ursprünglich romanisch, im 13. Jh. gotisch umgestaltet; der heutige Bau von 1630 gilt als eine der ältesten Barockkirchen nördlich der Donau) mit Malereien des »Kremser Schmidt« und des »Wiener Schmidt« sowie von Altomonte und Maulpertsch, ferner die Gozzoburg (13. Jh.), die spätgotische Piaristenkirche »Unsere Liebe Frau« (1475–1515), die Bürgerspitalkirche Hl. Philipp und Jakob (15. Jh.), die ehem. Dominikanerkirche Peter und Paul (13. und 14. Jh.; Weinstadt-Museum) sowie das Kapuzinerkloster Und (mit dem »Weinkolleg«).

Langenlois: Größte Weinbaugemeinde Österreichs, nahe der Kampmündung in die Donau. Sehenswert das Rathaus mit Barockfassade, der Kornplatz mit alten Häusern sowie das Schloß Haindorf (Festspiele im Sommer) mit schönem Park.

Leiben: Markt im Weitental mit großer spätgotischer Kirche (16. Jh.). Schloß aus dem 11. Jh. mit einzigartigen bemalten Kassettendecken (17. Jh.). Landtechnik-Museum und Traktor-Veteranen-Museum. Ausstellungen.

Litschau: Stadt im Waldviertel nördl. von Gmünd am Herrensee. Geburtsort des Komponisten Kaspar Schrammel (1811–1895). Altes Schloß (13. Jh.) mit mächtigem Bergfried, Stadtmauer (Fischertor) und Pfarrkirche Hl. Michael, eine gotische Hallenkirche (15. Jh.) mit schönen Wandmalereien. Ausflüge: zum Richterteich, zum Dachsengraben, in den Höllgraben (3 km südl. von Litschau) mit riesigen moosüberzogenen Granitblöcken.

Loiben (Ober- und Unterloiben): Loiben liegt am linken Donauufer südöstlich von Dürnstein. Oberloiben, das alte Gut »ad Liupinam« (vom slawischen »liupon« = lieblich), wird 860 erstmals erwähnt. Der Ort wurde 1805 im Gefecht der Österreicher und Russen gegen die Franzosen niedergebrannt. Unterloiben fiel 1002 an das Benediktinerkloster Tegernsee, wo es als Pfarre von 1379 bis in das 19. Jahrhundert verblieb. Sehenswert die Kirche St. Quirin, eine Kombination zweier gotischer Kirchen (14. Jh.). Schöne spätbarocke Wohnhäuser.

Luberegg, Schloß: An der Donau westlich von Emmersdorf gelegener Bau, 1780 durch Josef von Fürnberg an einem Holz-Stapelplatz errichtet. Die beiden »Feuertürme« dienten zur Holzverladung während der Nacht. Von 1795 an im Besitz Kaiser Franz I., der das Haus zu einem frühklassizistischen Schlößchen ausbaute. Dauerausstellung »Kaiser Franz und seine Zeit«. Kaiser-Franz-Restaurant und Taverne

Mammutbäume: Auf dem Eichberg bei Paudorf befindet sich der größte Mammutbäume-Bestand Österreichs. Der Göttweiger Pater Adalbert Dungel ließ diese Bäume und andere exotische Hölzer vor 120 Jahren pflanzen. Heute stehen dort noch 20 Exemplare der Gattung »Wellingtonia gigantea«. Von Paudorf kommend zweigt am Beginn des Heugrabens (siehe Tour 2) links eine Forststraße zur Adalbert-Rast und zu den Mammutbäumen ab (gesamter Zeitaufwand 1 Std.).

Maria Dreieichen: Mächtige spätbarocke Kirche am Manhartsberg südöstlich von Horn. Eine der schönsten Wallfahrtskirchen Österreichs. Zwischen 1744 und 1750 von Leopold Wißgrill über einem alten Marienheiligtum errichtet. Beeindruckender Innenraum mit Kuppelfresko (»Himmlische Glorie«) von P. Troger. Sehenswert die nahe Höhle des legendären Räuberhauptmannes Grasel.

Maria Laach: Erholungsort und Markt auf einem Plateau südlich des Jauerling. Schöne Wallfahrtskirche (14. und 15. Jh.). Im Inneren das von A. Colin 1607 geschaffene Renaissance-Hochgrab von Johann Georg III. von Kuefstein, ferner der Hochaltar, einer der schönsten Flügelaltäre Niederösterreichs (um 1500). Besuch des Hubhofes (siehe dort).

Maria Langegg: Dorf im Dunkelsteinerwald mit Servitenkloster und Wallfahrtskirche »Mariä Geburt«, 1429 erstmals erwähnt. 1582 erwarb der salzburgische Güterinspektor Matthias von Haring den dort stehenden Schlößlhof (heute »Langegger Hof«). Er ließ 1605 die kleine »Ursprungskapelle« als Dank für die Heilung seines Kindes errichten. Seit 1645 im Besitz der Serviten. Die heutige Kirche wurde zwischen 1765 und 1773 von Johann Michael Ehmann erbaut. Im Inneren (Scheinarchitektur!) prächtiger Hochaltar und schöne spätbarocke Orgel von Stefan Helmich (1781/82). Im Stift Museum, Bibliothek und Schatzkammer.

Maria Taferl: Bedeutendster Wallfahrtsort Niederösterreichs mit barocker Basilika. Balkonlage (Alpenblick!) nördlich über der Donau. Der »Taferlstein« seitlich der Kirche war in vorchristlicher Zeit eine (keltische) Kultstätte. Bau der Großkirche zwischen 1660 und 1710. Neben anderen

Baumeistern gilt J. Prandtauer als Vollender der Vierungskuppel. Innenfresken von A. Beduzzi, Altarbilder vom Kremser Schmidt. Sehenswert die Schatzkammer und der Pfarrhof (17. Jh.). Der Ort kann von Marbach mit Kfz (3 km) oder zu Fuß (½ Std.) erreicht werden.

Marillen-Anbau: Die Aprikose oder Marille ist nach dem Wein die wichtigste Obstsorte der Wachau. Aus China stammend, drang sie vor 3000 Jahren bis in die heutige Türkei vor und wurde dort von den Griechen, später von den Römern bis in unsere Breiten kultiviert. Rund eine Million Kilogramm edelster Marillen werden jährlich in der Wachau geerntet. Boden und Klima geben hier der Marille einen exquisiten Geschmack. Die Marillenblüte im April ist eine Wachauer Berühmtheit!

Mauer bei Melk: Ort in einem nördlichen Nebental der Pielach. Der Name geht auf den römischen Grenzwall »Limes« zurück, dessen Reste bis in das Mittelalter zu erkennen waren. Das im 15. Jh. als Wallfahrtskirche geplante Gotteshaus »Mariä Namen« blieb unvollendet. Am Hochaltar die

Stift Melk am westlichen Wachau-Eingang, ein Juwel barocker Baukunst.

Gnadenstatue »Hl. Maria am grünen Anger«. Glanzstück ist ein Flügelaltar aus Lindenholz im Stil der späten Donauschule (um 1510), eines der wichtigsten Zeugnisse gotischer Schnitzkunst in Niederösterreich.

Mautern an der Donau: Stadt am südlichen Donauufer gegenüber von Stein, deren Ursprung auf das röm. Militärlager »Favianis« (1. Jh. n.Chr.) am Limes zurückgeht. Im 5. Jh. n.Chr. errichtete der Hl. Severin im Zuge seiner Christianisierungstätigkeit hier ein Kloster. 899 n.Chr. wird der Ort als »civitas mutarensis«, im Nibelungenlied als »Mutaren« (= Mautstätte) erwähnt. 1463 wird die erste Brücke über die Donau geschlagen. Sehenswert sind die Pfarrkirche zum Hl. Stephan (1697 barockisiert), die ehem. Margaretenkapelle (1083, Fresken von 1260), das Schloß (15. bis 18. Jh.), der Nikolaihof, eines der ältesten Weingüter Österreichs (1075 genannt) und die Janaburg (16. Jh.). Römermuseum Favianis.

Melk: Kleinstadt am Westeingang der Wachau mit einem der großartigsten Barockklöster Europas. Am Fuß des 60 m hohen Melker Felsens befand sich das römische Kastell »Namare«. 976 entstand über einer bereits vorhandenen Burg die Residenz Leopold I. 1089 übergab der Babenberger Markgraf Leopold II. die Burg den Benediktinern, die sie zu einem Kloster ausbauten. Nach einem Brand begann J. Prandtauer 1711 mit dem Neubau, 1726 übernahm J. Munggenast die Bauleitung, drei Jahre später besuchte Maria Theresia das fertiggestellte Stift. Großartige Kirche mit 64 m hoher Kuppel und aus Marmor gefertigtem Säulen-Hochaltar. Das Stift selbst besitzt gewaltige Ausmaße: die Südfassade ist 362 m lang, insgesamt zählt man 1353 Fenster. Bibliothek und Marmorsaal sind durch die »Altane«, eine grazile Bogenhalle, verbunden. Siehe Bild S. 25.

Mühldorf: Ort im Spitzerbachtal. Sehenswert die Burg Oberranna (heute Pension) oberhalb des Ortes. Der mächtige Bau (12. Jh., Umbau im 16. Jh.) besteht aus vier dreigeschossigen Trakten und wird von Ringmauer und -graben umgeben. Romanische Burgkirche Hl. Georg (12. Jh.). Burgschenke.

Nußdorf ob der Traisen: Winzerort (siehe Tour 1) westlich von Traismauer. Spätgotische Pfarrkirche Hl. Johannes der Täufer. Sehenswertes Urzeitmuseum (zwischen 15. April und 31. Okt. tägl. von 9.00 bis 17.00 Uhr geöffnet).

Oberndorf am Jauerling: Sonnenreiches Dorf an der Ostseite des Jauerling mit wunderbarem Alpenblick (Schneeberg!). Skigebiet. Ghf. Bergfried (6 B.; ganzj. geöffnet, Montag und Dienstag Ruhetag). 5 km von Maria Laach, 9 km von Spitz.

Ottenstein, Burg: Am Kamp nahe Rastenfeld gelegene stolze Ritterburg. 1177 erstmals genannt, von 1536 bis 1940 im Besitz der Grafen Lamberg. Während des 2. Weltkrieges schwer beschädigt, um 1960 restauriert. Romanische Burgkapelle (Fresken von 1170!) und Barockkapelle (beliebter Trauungsort). Restaurant.

Paudorf: Südlich des Göttweiger Berges gelegene Gemeinde. Sehenswert der Hellerhof, ein alter Göttweiger Besitz mit Kapelle aus dem 17. Jh. Im Hellerhof spielt der 1. Akt der Oper »Der Evangelimann« von Wilhelm Kienzl.

Persenbeug: Markt am nördlichen Donauufer. Imposantes Schloß, in dem am 17. August 1887 Kaiser Karl I. geboren wurde. Auch heute noch Habsburger-Besitz. Davor das 1957 fertiggestellte Flußkraftwerk mit zwei Schleusenkammern.

Pöchlarn: Stadt im Nibelungengau am rechten Donauufer, über dem römischen Kastell »Arlape« errichtet. Schon im Nibelungenlied als Sitz Rüdigers von Bechelaren erwähnt. Mittelalterliche Stadtmauer, Pfarrkirche Mariä Himmelfahrt (1389–1429 erbaut, nach 1766 barockisiert) mit schönem Turm und Bildern des Kremser Schmidt. Mächtiges Schloß (1576), Welserturm (1484, Heimatmuseum), Urfahrturm (15. Jh.) und Pfeiferturm (14. Jh.). Pöchlarn ist Geburtsort des Malers Oskar Kokoschka (1886–1980). Nibelungen-Denkmal.

Pöggstall: Markt im Weitental, des milden Klimas wegen »Meran des Waldviertels« genannt. Im Ort die Burg Rogendorf (16. Jh.) mit der einzigen noch erhaltenen Folterkammer Österreichs (Führungen vom 1. April bis 31. Okt.). Museum für Rechtsgeschichte im Rondell, einem kreisrunden Vorwerk zur Verteidigung des Schlosses. Die Pläne für das Rondell sollen von Albrecht Dürer stammen.

Pottenbrunn: Im Traisental nordöstlich von St. Pölten gelegener Ort mit wunderschönem Renaissance-Wasserschloß (1560). Zinnfigurenmuseum mit Dioramen bedeutender Schlachten.

Raabs an der Thaya: Kleinstadt am Zusammenfluß von Mährischer und Deutscher Thaya. Großartige, auf einem Gneisfelsen über der Stadt thronende Burg (11. Jh.; Ausbau 1358 bis 1701). Märchenmuseum. Ausflug zur Ruine Kollmitz (13. Jh.), eine der ausgedehntesten Burgruinen Österreichs. Am Berghang darüber die zur Feindabwehr errichtete »Böhmische Mauer«, unweit davon das Klinger-Mausoleum, letzte Ruhestätte der Freiherrn von Klingerstorff (siehe Tour 44).

Radwandern: Das Donautal ist ein Traumgebiet für Radler. Als attraktivste Route gilt der 258 km lange Donauradweg von Passau nach Hainburg. Die Österreichischen Bundesbahnen betreiben entlang der Strecke Passau – Wien einen Radtramper-Zug, der mit einem speziellen Fahrradwagen ausgestattet ist. In größeren Bahnhöfen können Fahrräder ausgeliehen und bei anderen Stationen wieder abgegeben werden. Auch das Waldviertel ist reich an markierten Radwegen zu denen als bekannteste Bandlkramerweg, Hochlandweg, Kamptalweg, Kuenringerweg, Thayatalweg, Waldviertelweg und die Radwege im Weinsberger Wald gehören.

Rappottenstein, Burg: Auf mächtigem Fels über dem Kleinen Kamp thronende Feste (siehe Tour 41) südwestlich von Zwettl. Die im Originalzustand erhaltene Burg ist wie der gleichnamige Markt eine Gründung der

Kuenringer (1157). Burg Rappottenstein mit ihren fünf Höfen (im innersten Hof Renaissance-Arkaden mit Sgraffiti) konnte niemals erobert oder zerstört werden. Burgschenke. Führungen an Ostern, vom 15. bis 30. April und im Oktober an Wochenenden und Feiertagen, vom 1. Mai bis 30. Sept. täglich außer Montag. Zufahrt vom Rappottenstein, 4 km.

Rehberg: Kleiner Winzerort im Kremstal, überragt von einer auf hohem Fels stehenden Feste und Filialkirche (12. Jh.). Heurigenbetriebe.

Riegersburg, Schloß: Zwischen Drosendorf und Hardegg an der Grenze zu Tschechien gelegenes barockes Wasserschloß, 1550 errichtet. Ab 1730 im Besitz des Reichsgrafen Siegmund Khevenhüller, der Baumeister Fischer von Erlach mit der Erweiterung beauftragte. Schloßmuseum. Sehenswerter Hundefriedhof.

Rollfähren: Siehe Donau-Rollfähren!

Römerstraßen: An der rechten Wachauseite gibt es erst seit Mitte des 19. Jh. eine Uferstraße. Aus Platzmangel und wegen der häufig auftretenden Hochwasser konnte ein Ost-West-Verkehrsweg nur über die Höhen des Dunkelsteinerwaldes führen. Von dort war es möglich, auf Stichstraßen das Donauufer und die Siedlungen dort zu erreichen. Die Römer errichteten ab dem 4. Jh.n.Chr. solche Straßen, als der mit Grenzposten befestigte Donau-Limes gegen die Germanen verstärkt werden mußte. Reste von Römerstraßen und -brücken finden sich bei Hundsheim (Tour 3), im Kupfertal (Tour 5) und bei Mauer, stellenweise sogar noch mit Pflasterung (Steinplatten) und Fahrrillen.

Rosenau: Dorf mit bekanntem Schloß westlich von Zwettl. Im 12. Jh. von den Kuenringern an der Straße nach Böhmen (»Polansteig«) als Wasserburg »Rosenawe« erbaut. Mit Erfindung der Feuerwaffen verlor die Burg ihre Bedeutung und verfiel. Ab 1553 im Besitz der Brüder Greiß aus Thüringen, danach in jenem der Grafen von Schallenberg, die mit Hilfe der Baumeister und Maler J. Munggenast, D. Gran und J. Rincolin eines der schönsten Barockschlösser des Waldviertels errichteten. Freimaurermuseum (geöffnet von April bis Ende Oktober).

Rosenburg, Schloß: Prachtvolle Renaissanceburg (siehe Tour 35) auf steilem Felsen über dem Kamp, berühmt geworden durch das alte Lied »Es liegt ein Schloß in Österreich«, 1175 als Wehranlage zur Absicherung gegen Böhmen errichtet. Größter vollständig erhaltener Turnierplatz Europas. Burgmuseum. Greifvogelschau. Führungen.

Rossatz: Winzerort am rechten Donauufer auf einem Schwemmkegel gegenüber Dürnstein. Der Name wird von »rosseza« (= Weideplatz für Pferde) abgeleitet. Renaissanceschloß des Grafen Schönborn, frühgotische Pfarrkirche Hl. Jakob d.Ä. und Pranger (1632). Zur Gemeinde Rossatz gehören auch die vier Arnsdörfer (Bach-, Mitter-, Hof- und Oberarnsdorf) donauaufwärts, bis 1806 unter salzburgischer Herrschaft. Sehenswert die gotische Ruprechtskirche in Hofarnsdorf (Gemälde vom Kremser

Der berühmte Arkadenhof von Schloß Schallaburg.

Schmidt), die »Schwarze Kuchl« (hoher Mantelkamin) sowie der römische Wachturm »Burgus« (370 n.Chr.) in Bacharnsdorf zur Befestigung der Limesgrenze gegen die Germanen.

Sarmingstein im Strudengau östlich von Grein. Alte Schiffersiedlung an der Donau. Sehenswert die Ruine Säbnich (siehe Tour 32) auf steilem Felsen über dem Ort.

Schallaburg, Schloß: Auf einer Kuppe am Abhang des Hiesberges westlich über dem Pielachtal gelegenes Renaissance-Schloß. Im 12. Jh. erstmals erwähnt, ab 1450 im Besitz der aus Oberösterreich stammenden Losensteiner. Ihr heutiges Aussehen erhielt die Burg zwischen 1540 und 1600. Gotische Kapelle, manieristische Gartenanlage und prächtiger zweigeschossiger, terrakottengeschmückter Arkadenhof mit Kopfmasken, allegorischen Figuren und Büsten in antikisierenden Trachten. Ausstellungen. Führungen.

Schiffahrt: Siehe Donauschiffahrt!

Schönbach: Ort im Norden des Weinsberger Waldes mit schöner Pfarrkirche, eine Wallfahrtskirche des ehemaligen Hieronymitanerklosters. Im dreischiffigen Hallenbau (15. Jh.) die Gnadenstatue »Maria Rast« und drei prächtige Flügelaltäre (16. Jh.).

Schönbühel: Ort am rechten Donauufer unterhalb von Melk mit prachtvollem Schloß und Servitenkloster. Erster Schloßbau unter dem Passauer

Lehensritter Machwart von Schoenbuchele (12. Jh.), im 14. Jh. von den Fürsten Starhemberg vergrößert. Der heutige Bau wurde 1819–21 errichtet. An der Außenmauer schönes Abendmahl-Relief (17. Jh.). Sehenswert die im Kloster Schönbühel (1666) stehende frühbarocke Pfarrkirche Hl. Rosalia sowie die Grabeskapelle mit unterirdischer Geburtskirche (17. Jh.).

Schwallenbach: Ort südlich von Spitz am linken Donauufer (siehe Tour 25). Spätgotische Kirche Hl. Sigismund mit markantem Turm (spitzer Helm), Altarbild des Kremser Schmidt (1767) und Holzmadonna (1515). Sehenswert auch das Schloß (1463, Umbau 1617) und der Rannahof (16. Jh.).

Schwarzenau, Schloß: Prächtiges Renaissanceschloß im zentralen Waldviertel. 1190 erbaut, erhielt es 1592 sein heutiges Aussehen. Im 18. Jh. mit Stuckarbeiten ausgestattet. Sehenswert ist auch die Schloßkapelle mit Darstellung der 12 Apostel aus Stuckmarmor in Lebensgröße. Veranstaltungen.

Senftenberg: Sommerfrische und Hauerort im Kremstal. Bekanntes Rehabilitations-Ambulatorium Nuhr. Bereits 1304 Pfarre, seit 1583 Markt. Sehenswert die auf einem Felsen über dem Tal thronende spätgotische Pfarrkirche Hl. Andreas, 1522 als Schloßkapelle und Wehrkirche erbaut, im 18. Jh. barockisiert. Von der einstmals großen Burg (1197) stehen nur noch Reste. Lohnender Besuch der Hiesbergwarte (427 m; gesamter Zeitaufwand 1 Std.).

Spitz: Am linken Donauufer im Zentrum der Wachau gelegener Markt. Als »Spizzun« um 830 genannt. Bis 1504 gehörte Spitz zu Niederaltaich in Bayern. Das alte Ortszentrum liegt abseits der Donau am Ostfuß des Burgberges (»Tausendeimerberg«). Sehenswert die spätgotische, später barockisierte Pfarrkirche St. Mauritius (15. Jh.) mit Hochaltarbild des Kremser Schmidt, ferner der Pfarrhof (um 1500), das gotische Ensemble von Rathaus und Bürgerspital (um 1400), das Schloß Spitz (16. und 17. Jh.), der barocke Erlahof (ehem. Weinlesehof des Stiftes Niederaltaich) mit dem Schiffahrtsmuseum (vom 1. April bis 1. Nov. tägl. geöffnet), das berühmte Rote Tor, ein Stadttor aus den Schwedenkriegen sowie die Burgruine Hinterhaus (Kuenringer-Feste, 13. Jh.) an der Bergkante des Spitzer Hausberges. »Marillenkirtag« am letzten Wochenende im Juli!

Stein an der Donau: Stadt am Osteingang in die Wachau, deren Geschichte eng mit jener von Krems verknüpft ist. Auf dem Frauenberg wird um 500 n.Chr. die Burg des Germanenkönigs Rugier vermutet, zu einer Zeit, in der die am jenseitigen Donauufer gelegene Römerstadt Favianis (Mautern) bereits christlich war. 1072 erstmals erwähnt, seit 1144 Stadt. 1463 wurde die erste Brücke über die Donau nach Mautern geschlagen. Sehenswert sind die gotische Pfarrkirche Hl. Nikolaus (15. Jh.) mit Altarbildern des Kremser Schmidt, die spätromanische Minoritenkirche (1264; heute Kunstausstellungen), die über der alten Michaelskirche errichtete Frauenbergkirche (13. Jh.; 1785 entweiht; heute Ehrenmal für Gefallene beider

Stein an der Donau mit Blick gegen das Stift Göttweig.

Weltkriege), der Göttweigerhof (in der Kapelle Malereien aus dem 13. Jh.), das Rathaus (17. Jh.), der Passauer Hof (13. Jh.), das barocke Mazzettihaus (1721; Geburtshaus des Mozartforschers Ludwig Ritter von Köchel) sowie das Wohnhaus des Malers Martin Johann Schmidt (1718-1801), genannt »Kremser Schmidt«. In Stein befindet sich auch eine Männer-Strafanstalt.

Struden: Markt im Strudengau, am Greiner Strudel, der einst gefährlichsten Donau-Passage. Gegenüber die Insel Wörth, überragt von Burg Werfenstein.

St. Michael: Uralter Ort am linken Donauufer nordöstlich von Spitz. Älteste Pfarre der Wachau (seit dem 10. Jh.), vermutlich über einer heidnischen Kultstätte errichtet, in der Karolingerzeit Haupt- und Taufkirche der Wachau. Spätgotische Kirche (16. Jh.) mit wuchtigen Wehranlagen, Gemälden des Kremser Schmidt und schöner Orgel, eine der wenigen noch originalen Renaissance-Orgeln (1650). Kirchen- und Karnerführungen.

St. Nikola: Ort im Strudengau mit spätgotischer Pfarrkirche. Berühmt das »Sammlerschiffchen«, eine Sparbüchse, mit der man einst mit Geläut die Donau hinausfuhr, um für den von St. Nikolaus gewährten Schutz bei der Strudel-Passage eine Spende zu bekommen.

St. Pölten: Niederösterreichische Landeshauptstadt in der Traisental-Ebene (»Steinfeld«), über der Römersiedlung »Aelium Cetium« errichtet. Um 800 Klostergründung St. Hippolyt, 1156 erstes Stadtrecht Österreichs, 1785 Bischofssitz. Blütezeit im Barock, als die Architekten und Maler J. Prandtauer, J. Munggenast, L. Wißgrill, D. Gran und B. Altomonte hier lebten und wirkten. Großartig der im 12. Jh. über dem alten Hippolytkloster errichtete Dom, im 14. Jh. Umgestaltung in eine frühgotische Basilika, 1720 durch J. Prandtauer barockisiert. Fresken und Bilder von D. Gran, T.F. Gedon und T. Pock; romanische Rosenkranzkapelle (um 1200). Sehenswert ferner der Bischofshof mit prächtigem Stiegenhaus (1727) und Bibliothek (Fresken von D. Gran und P. Troger), der Rathausplatz, die Franziskanerkirche (1768) mit Bildern des Kremser Schmidt, das Rathaus (16. Jh.), die Karmeliterinnenkirche (Werke von J. Prandtauer und Lukas von Hildebrandt) sowie das Institut der Englischen Fräulein (Werke von B. Altomonte und Lukas Cranach d.Ä.).

St. Thomas am Blasenstein: Dorf in wunderbarer Balkonlage auf einer Granitkuppe nördlich von Grein. Panoramablick vom Schneeberg bis zum Traunstein. Sehenswert die »Bucklwehluck'n«, ein Durchkriechstein, dessen Tradition bis in die Urgeschichte reicht, sowie der »luftg'selchte Pfarrer«, ein natürlich mumifizierter Priester-Leichnam aus dem 18. Jh. in der Gruft unterhalb der gotischen Kirche.

Tausendeimerberg: So wird der fast freistehende Burgberg (ca. 300 m) genannt, um den sich die Häuser von Spitz malerisch scharen. Seinen Namen hat dieser Weinberg vom Ertrag in besonders starken Erntejahren (1000 Eimer entsprechen 56 000 Liter). Man erreicht den Berg von Quitten-Radlbach auf staubfreiem Güterweg (siehe Tour 24; Zeitaufwand 20 Min.).

Traismauer: Stadt an der Traisenmündung im westlichen Tullner Feld. Der Name »Traisen« wird aus dem gotischen »Thragjan« (= schnell laufender Fluß) hergeleitet. Über den Ruinen (= Mauern) des Römerkastells »Augustianis« entstand 800 n.Chr. ein Dorf namens »Traisma«. Der Ort wird auch im Nibelungenlied erwähnt. Sehenswert sind die Reste der mittelalterlichen Stadtmauer mit Römertor und Hungerturm (Heimatmuseum) sowie das Schloß (16. Jh.; Landesmuseum für Frühgeschichte). Besuch des »Saurierparks« (zwischen 23. März und 1. Nov. von 9.00 bis 18.00 Uhr geöffnet) im Augelände der Traisen, des »Urzeitmuseums« in Nußdorf (siehe dort!), der Vorberg-Kellergasse am Fuß des Venusberges sowie der Eichberger und Ahrenberger Kellergasse (Heurige, Hauermärkte, Weinlehrpfad) östlich von Traismauer.

Traunstein: Auf einer Anhöhe gelegener Ort im zentralen Waldviertel. Die Pfarrkirche St. Georg (1960) des Architekten Dr. Ladislaus Hruska ist ein eigenwilliger Sakralbau mit schönem Lichteinfall durch Faltdecke und Glasfenster. In der Umgebung der Kirche Steinskulpturen und Kriegerdenkmal des Bildhauer-Pfarrers Josef Elter. Sehenswert der kugelförmige »Franzosenstein« im Westen des Ortes. Besteigung des Wachtsteines (948 m; Steig) nördlich über Traunstein mit schönem Rundblick. Der Fels (früher mit Aussichtsturm und Wächter) war ein wichtiger Punkt in der »Kreidfeuerkette« zwischen Jauerling und Arbesbach.

Wachau: 860 als »Uuahauua« (vom urgermanischen »wanhö« = Krümmung) erstmals erwähnt. Die Bezeichnung galt für den inneren Bereich der Wachau zwischen Spitz und Dürnstein. In althochdeutscher Zeit erfolgte dann die Umdeutung zu »Wahhèn« (= Au, in der gewacht wird). Heute wird unter »Wachau« der Donaudurchbruch durch die Böhmische Masse zwischen Melk und Krems verstanden.

Waidhofen an der Thaya: Alte Burgsiedlung an der Thaya, Grenzstadt zwischen Böhmen und Österreich. Barocke Pfarrkirche Mariä Himmelfahrt, deren Äußeres nicht den kostbar ausgeschmückten Sakralraum erahnen läßt. Waidhofen ist Zentrum des »Bandlkramerlandes« mit ehemals bedeutender Textilindustrie.

Waldhausen im Strudengau: Ort nördlich von Sarmingstein. Das im 12. Jh. gegründete Augustiner-Chorherrenstift wurde im 19. Jh. geschliffen. Frühbarocke Stiftskirche (1650) mit herrlichen Fresken und Stuckarbeiten. Orgelkonzerte.

Waldviertler Schmalspurbahn: 43 km lange Bahnstrecke von Gmünd über den »Kleinen Semmering« (siehe Tour 46) nach Großgerungs. Die 1903 eröffnete Bahn war ursprünglich für den Holztransport bestimmt. Im Sommer sind an Wochenenden und Feiertagen Nostalgiezüge unterwegs. Auf Anfrage können Dampfbummelfahrten auch nach Litschau oder Heidenreichstein geführt werden.

Weinbau: Die Wachau gehört zu den ältesten und bedeutendsten Weinbaugebieten Österreichs. Schon die Kelten (um 500 v.Chr.) und Römer betrieben hier den Weinbau, über den auch der Heilige Severin in seiner »Vita Sancti Severini« (450 n.Chr.) berichtet. In der Renaissancezeit besaßen 31 Klöster sogenannte »Lesehöfe« in der Wachau. Mit einem Erlaß Kaiser Joseph II. wurde 1784 das Ausschenken eigener Weine und somit der Buschenschank (»Heuriger«) gestattet. Der Wachauer Wein ist durch seine Qualität und angenehme Säure bekannt. Bei besten Bedingungen können Sorten wie Grüner Veltliner oder Riesling zu Weinen von europäischem Format heranreifen. Eine echte Wachauer Weinsorte ist der Neuburger (aus Spitz). Je nach Alkoholgehalt werden Steinfeder (leicht), Federspiel (mittelgradig) und Smaragd (hochgradig) unterschieden. Kellerführungen mit Weinproben gibt es in allen größeren Orten des Gebietes.

Weinsberger Wald: Eines der größten Waldgebiete Österreichs. Seine höchste Erhebung, den 1041 m hohen Weinsberg östlich von Bärnkopf, schmückte einst eine stolze Burg. Als Ausgangspunkt für Wanderungen kommen Gutenbrunn und Bärnkopf in Frage. Langlaufzentrum.

Weißenkirchen in der Wachau: Winzerort am linken Donauufer, mit den Dörfern St. Michael, Wösendorf und Joching die größte Weinbaugemeinde der Wachau. 1258 als »Liechtenchyrchen« erwähnt, der Name »Weißenkirchen« ist erst seit 1301 geläufig. Der Ort erhielt 1459 das Marktrecht und ist seit 1632 Pfarre. Spätgotische Pfarrkirche Mariä Himmelfahrt (15 Jh., 1736 umgebaut und barockisiert), eine Wehrkirche gegen die Türken mit schöner Barockorgel. Sehenswert der Teisenhoferhof (16. Jh.; heute »Wachaumuseum«) mit malerischen Lauben. Seiber-Oldtimer-Rennen am letzten Sonntag im April, »Rieslingfest« im August.

Weiten: Markt im Weitental am Fuße des Jauerling. Sehenswerte Pfarrkirche (dreischiffige gotische Hallenkirche, 1730 barockisiert) mit herrlichen Glasmalereien aus dem 14. Jh. Nordwestlich des Ortes die 1296 beim Kuenringeraufstand zerstörte Mollenburg, später als Schloß wiedererrichtet. Heute in Privatbesitz.

Weitra: 800 Jahre alte Brau- und Kuenringerstadt auf einem Granitfelsen über der Lainsitz. Mächtiges Renaissanceschloß, 1590-1606 an Stelle einer älteren Kuenringerburg errichtet (Konzerte, Theater, Ausstellungen; Turmbesteigung). Webereimuseum »Alte Textilfabrik«. Frühgotische Bürgerspitalkirche, wo die Wanderung entlang der Lainsitz in das Gabrielental beginnt (1 Std.). In Alt Weitra sehenswerte romanische Wehrkirche (1190).

Wetterkreuz, Hollenburger: Auf dem Schiffberg südlich über Hollenburg stehende Kirche. Schon im 15. Jh. war das aus Holz gefertigte »Wetterkreuz« ein Wallfahrtsort. Mitte des 17. Jh. stand dort eine Kapelle (jährlich bis zu 2500 Wallfahrer!), um 1729 gab es am benachbarten Westhügel eine Einsiedelei. Die alte Kirche (1727) wurde durch Blitzschläge und Kriegserreignisse wiederholt schwer beschädigt. »Wetterkreuzfest« am 2. Sonntag im September. Zufahrt von Hollenburg, 3 km (siehe Tour 1).

Willendorf: Berühmter Ort am linken Donauufer der Wachau. Uraltes Siedlungsgebiet, während der Eiszeit Lagerplatz der Mammutjäger (Funde von Knochen und Steingeräten). Im August 1908 wurde beim Bau der Donauuferbahn die 11 cm große Statuette einer fettleibigen Frau (»Venus I von Willendorf«) entdeckt. 1926 wurde eine zweite, unvollendet gebliebene, 26 cm hohe weibliche Statuette (»Venus II«) gefunden. Diese 28 000 Jahre alten Figuren aus der Jungsteinzeit befinden sich heute im Naturhistorischen Museum in Wien. Ein hundertfach vergrößertes Abbild steht an der Fundstelle über dem Bahndamm. Sehenswertes Steinzeitmuseum (vom 1. Mai bis 15. Okt. Samstag 14.00 - 15.30 Uhr, Sonn- und Feiertag 10 bis 11.30 Uhr und 14.00 bis 15.30 Uhr geöffnet; Auskünfte: ✆ 02712 / 768).

Wolfstein: Dorf im Wolfsteingraben. Die Kuenringerburg Wolfstein wird 1217 erstmals erwähnt. Ab 1620 im Besitz des Stiftes Göttweig, seither im Verfall.

Der idyllische Hauerort Weißenkirchen am nördlichen Donauufer.

Wösendorf: Winzerort am linken Donauufer, bis 1365 Filiale von St. Michael, ab 1632 von Weißenkirchen. Spätbarocke Pfarrkirche Hl. Florian (1784–91 erbaut, 1892 restauriert) mit Gemälden des Kremser Schmidt. Geburtsort des Kirchenkomponisten Franz Gruber, ein Schüler Anton Bruckners.

Zelking: An der Melk gelegenes Dorf. Die alte Burg Zelking (1120) am Westabhang des Hiesberges verfällt seit dem 17. Jh. Sehenswerte Pfarrkirche Hl. Erhard.

Zöbing: Am Kamp gelegene Fraktion der Gemeinde Langenlois, auch »Grinzing des Kamptales« genannt. Romantische Kellergasse östlich oberhalb des Ortes.

Zwettl: Stadt und Hauptort des Waldviertels, am Zusammenfluß von Zwettl und Kamp gelegen, im 12. Jh. von den Kuenringern gegründet. Am Hauptplatz Dreifaltigkeitssäule und Hundertwasser-Brunnen. Sehenswert das Stadtmuseum sowie das Museum für Medizin-Meteorologie in Dürnhof (ehem. Meierhof des Stiftes Zwettl; 12. Jh.). 2 km östlich der Stadt liegt das Zisterzienserstift Zwettl, 1138 von den Kuenringern gegründet. Dort die herrliche Klosterkirche Mariä Himmelfahrt mit Stilelementen der Kathedralen Frankreichs, ein Hauptwerk der Hochgotik in Österreich. Prachtvolle Inneneinrichtung (Hochaltar von J. Munggenast, Bilder von P. Troger, Altomonte, Kremser und Wiener Schmidt; berühmte Orgel von J. I. Egedacher). Der gotische Kreuzgang ist eines der ersten Werke frühgotischer Architektur. Sehenswert auch der Kapitelsaal und das Brunnenhaus. Führungen.

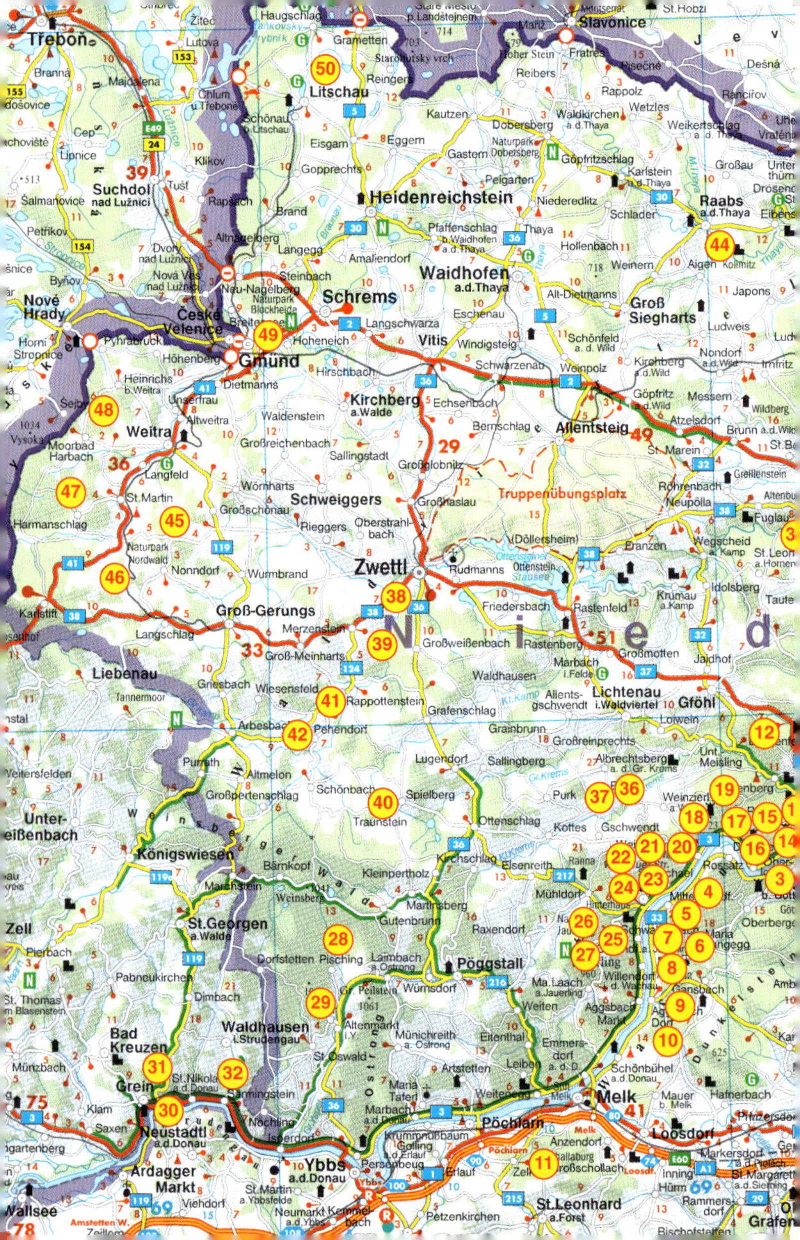

Třeboň
Žítec
Haugschlag
Grametten
Stare Město p. Landštejnem
Slavonice
St. Hobzí
Lutová
Majdalena
Branná
Chlum u Třeboně
Schönau b. Litschau
Litschau
Reingers
Starohutsky vrch
Hoher Stein
Fratres
Reibers
Písečné
Rappolz
Dešná
Rancířov
Wetzles
Weikertschlag a. d. Thaya
Vratěnín
Kautzen
Dobersberg
Waldkirchen a. d. Thaya
Naturpark Dobersberg
Gastern
Göpfritzschlag
Eisgarn
Eggern
Cep
Lipnice
Klikov
Gopprechts
Karlstein a. d. Thaya
Großau
Suchdol nad Lužnicí
Tušť
Šalmanovice
Rapšach
Heidenreichstein
Peigarten
Niederedlitz
Schlader
Raabs a. d. Thaya
Brand
Petříkov
Dvory nad Lužnicí
Altnagelberg
Langegg
Pfaffenschlag b. Waidhofen a. d. Thaya
Thaya
Hollenbach
Nová Ves nad Lužnicí
Amaliendorf
Waidhofen a. d. Thaya
Weinern
Aigen
Kollmitz
Byňov
Nové Hrady
Steinbach
Neu-Nagelberg
Naturpark Blockheide
Schrems
Alt-Dietmanns
Japons
České Velenice
Breitensee
Eschenau
Groß Siegharts
Ludweis
Horní Stropnice
Pyhrabruck
Hoheneich
Langschwarza
Vitis
Windigsteig
Schönfeld a. d. Wild
Nondorf a. d. Wild
Irnfritz
Höhenberg
Gmünd
Hirschbach
Schwarzenau
Weinpolz
Kirchberg a. d. Wild
Heinrichs b. Weitra
Dietmanns
Kirchberg a. Walde
Echsenbach
Göpfritz a. d. Wild
Messern
Wildberg
Šejby
Unserfrau
Altweitra
Waldenstein
Bernschlag
Allentsteig
Atzelsdorf
Brunn a. d. Wild
St. Bernhard
Vysoká
Weitra
Großreichenbach
Sallingstadt
St. Marein
Moorbad Harbach
Langfeld
Großglobnitz
Greillenstein
Wörnharts
Röhrenbach
Neupölla
Altenburg
St. Martin
Großschönau
Schweiggers
Großhaslau
Truppenübungsplatz
Fuglau
Harmanschlag
Rieggers
Oberstrahlbach
(Döllersheim)
Wegscheid a. Kamp
St. Leonhard a. Hornerwald
Naturpark Nordwald
Nonndorf
Wurmbrand
Zwettl
Rudmanns
Ottensteiner Stausee
Ottenstein
Franzen
Idolsberg
Krumau a. Kamp
Taures
Karlstift
Friedersbach
Rastenfeld
Groß-Gerungs
Langschlag
Merzenstein
Großweißenbach
Rastenberg
Großmotten
Jaidhof
Niederösterreich
Groß-Meinharts
Liebenau
Griesbach
Wiesensfeld
Waldhausen
Marbach i. Felde
Allentsgschwendt
Lichtenau i. Waldviertel
Gföhl
Tannermoor
Rappottenstein
Grafenschlag
Kl. Kamp
Loiwein
Arbesbach
Pehendorf
Grainbrunn
Großreinprechts
Purrath
Lugendorf
Sallingberg
Albrechtsberg a. d. Gr. Krems
Untermeisling
Weitersfelden
Altmelon
Großpertenschlag
Schönbach
Spielberg
Purk
Gr. Krems
Weinzierl
Unterweißenbach
Weinsberger Wald
Traunstein
Ottenschlag
Kottes
Gschwendt
Königswiesen
Bärnkopf
Kleinpertholz
Kirchschlag
Kl. Krems
Elsenreith
Rossatz
Marchstein
Weinsberg
Mühldorf
Martinsberg
Gutenbrunn
Raxendorf
Zell
St. Georgen a. Walde
Oberbergern
Pierbach
Dorfstetten
Pisching
Laimbach a. Ostrong
Pöggstall
Maria Langegg
Pabneukirchen
Dimbach
Gr. Peilstein
Würnsdorf
Ma. Laach a. Jauerling
Willendorf i. d. Wachau
Gansbach
St. Thomas am Blasenstein
Weiten
Aggsbach Markt
Bad Kreuzen
Waldhausen i. Strudengau
Altenmarkt i. Y.
Münichreith a. Ostrong
Eitenthal
Emmersdorf a. d. D.
Dunkelsteiner Wald
St. Oswald
Münzbach
Grein
St. Nikola a. d. Donau
Artstetten
Leiben
Schönbühel a. d. Donau
Klam
Sarmingstein
Maria Taferl
Weitenegg
Melk
Mauer b. Melk
Hafnerbach
Saxen
Neustadtl a. d. Donau
Marbach a. d. Donau
Pöchlarn
Loosdorf
Prinzersdorf
Nöchling
Isperdorf
Krummnußbaum
Golling a. d. Erlauf
Anzendorf
Hallaburg
Großschollach
Markersdorf a. d. Pielach
Ardagger Markt
Ybbs a. d. Donau
Persenbeug
Erlauf
Zelking
Inning
Hürm
St. Margarethen a. d. Sierning
Wallsee
St. Martin a. Ybbsfelde
Viehdorf
Neumarkt a. d. Ybbs
Kemmelbach
Petzenkirchen
St. Leonhard a. Forst
Rammersdorf
Bischofstetten
Grafendorf
Amstetten W.

Bližkovice
Jevišovice
Vranovská Ves
Pavlice
Zálesí
Štitary
Olbramkostel
Hluboké Mašůvky
Mikulovice
Hor.Dunajovice
Hostěradice
Miroslav
Branišovice
Přibice
Bítov
Šumna
Kravsko
Plaveč
Prosiměřice
Oleksovice
Jiřice u Miroslavi
Troskotovice
Vlasatice
Lančov
Vranov n.Dyjí
Lesná
Hor.Břečkov
Těšetice
Dolenice
Litobratřice
Pasohlávky
Stary Petřin
Národní park Podyjí
Citonice
Unanov
Lechovice
Mackovice
Břežany
Šafov
Lukov
Znojmo
Drnholec
Dol. Dunajovice
Hardegg
Nationalpark Thayatal
Mašovice
Pravice
Hrušovany n.Jevišovkou
Novosedly
Nový Hrádek
Popice
Louka
Tasovice
Božice
Březí
Langau
Kaja
Merkersdorf
Načeratice
N.Přerov
Oberhöflein
Niederfladnitz
Hnanice
Satov
Strachotice
Hrabětice
Alt-Prerau
Weitersfeld
Mitterretzbach
Chvalovice
Hrádek
Dyjákovice
Pottenhofen
Hofern
Unt.-
Slup
Jaroslavice
Wildendürnbach
Hevlín
Sallapulka
Retz
Obermarkersdorf
Unteralb
Neudorf b.Staatz
Falkenstein
Theras
Schrattenthal
Haugsdorf
Hadres
Seefeld
Wulzeshofen
Laa a.d.Thaya
Kottingneusiedl
Pulkau
Pernersdorf
Alberndorf
Zwingendorf
Ungerndorf
Missingdorf
Zellerndorf
Watzelsdorf
Buchberg
Mailberg
Unterstinkenbrunn
Staatz
Kl.-Meiseldorf
Röschitz
Großharras
Stronsdorf
Fallbach
Maria Dreieichen
Stoitzendorf
Roseldorf
Guntersdorf
Hagenberg
Oberstinkenbrunn
Kammersdorf
Eichenbrunn
Siebenhirten
Eggenburg
Goggendorf
Mittergrabern
Grund
Wullersdorf
Nappersdorf
Zwentendorf
Straning
Michelstetten
Burgschleinitz
Schöngrabern
Eggendorf i.Thale
Enzersdorf i.Thale
Pyhra
Asparn a.d.Zaya
Harmannsdorf
Sitzendorf a.d.Schmida
Groß
Leiser Berge
Hollabrunn
Grafensulz
Mistelbach
Maissau
Gettsdorf
Eggendorf a.Walde
Oberfellabrunn
Niederleis
Ravelsbach
Porrau
Merkersdorf
Ladendorf
Mühlbach a.Manhartsberg
Ziersdorf
Herzogbirbaum
Wildpark Ernstbrunn
Ernstbrunn
Pürstendorf
Großmeiseldorf
Breitenwaida
Schönberg
Großmugl
Maisbirbaum
Naglern
Neubau
Hohenwarth
Göllersdorf
Nieder-kreuzstetten
Atzelsdorf
Großriedenthal
Kl.-Wetzdorf
Untergrub
Wetzleinsdorf
Ob.-
Rußbach
Schönborn
Streitdorf
Nieder-hellabrunn
Großrußbach
Wolfpassing a.d.Hochleithen
Straß i.Straßertale
Gösing a.Wagram
Ruppersthal
Groß-weikersdf.
Nieder-
Ob.-Mallebarn
Senning
Weinsteig
Hautzendorf
Engabrunn
Stranzendorf
Nieder-hollabrunn
Karnabrunn
Feuersbrunn
Kirchberg a.W.
Sierndorf
Obergänserndorf
Schleinbach
Hippersdorf
Stetteldorf a.Wagram
Leitzersdorf
Etsdorf a.Kamp
Grafenegg
Fels a.Wagram
Seitzersdorf-Wolfpassing
Mollmannsdorf
Ulrichskirchen
Königsbrunn a.Wagram
Oberrohrbach
Seebarn a.Wagram
Gaisruck
Stockerau-N.
Stockerau
Harmannsdorf
Manhartsbrunn
Wolkersdorf i.Weinviertel
Grafenwörth
Absdorf
Oberzögersdorf
Spillern
Kreuzenstein
Tresdf.
Pillichsdorf
Donau
Bierbaum a.Kleebühel
Stetten
Enzersfeld
Hollenburg
Altenwörth
Utzenlaa
Neuaigen
Stockerau-O.
Leobendf.
Groß-ebersdorf
Traismauer
Höflein a.d.Donau
Korneubg.-W.
Korneubg.
Königsbrunn
Zwentendorf a.d.Donau
A22/B3 Tulln-Krems
Zeiselmauer
Greifenstein
Korneubg.-O.
Bisamberg
Gemeinlebarn
Tulln a.d.D.
Kritzendf.
Seyring
Asparn
Langenlebarn
St.Andrä-Wördern
Kierling
Langenzersdf.
Gerasdf. b.Wien
Sitzenberg
Reidling
Trasdorf
Rust i.Tullnerfeld
Langenrohr
Kloster-neuburg
Stammersdf.
St.Andrä a.d.Traisen
Moosbierbaum
Königstetten
Strebersdf.
Heiligenkreuz
Judenau
Eichenhain
Hermannskg.
WIEN
Prager Str.
Augustiner Chorherrenstift
Atzenbrugg
Michelhsn.
Tulbing
Kn.Floridsdf.
Donaupark
Weißenkirchen a.d.Perschling
Ried a.R.
Naturpark Sandstein-Wienerwald
Breitenlee
Würmla
Asperhofen
Sieghartskchn.
Mauerb.
Nordbr.
Hirschstetten
Kappeln
Perschling
Troppberg
Gablitz
Exelberg
Reichsbrücke
Stadlau
Eßling
Pottenbrunn
Thalheim
Grabensee
Rappoltenkchn.
Stephansdom
Kn. Kaiser-mühlen
Aspern
Raipoltenbach
Wien-Auhof
St. Pölten
Böheimkirchen
Neulengbach
Purkersdorf
Kn.W.-Prater
Maria Anzbach
Rekawinkel
Tullnerbach
Schönbrunn
Kirchstetten
Pressbaum
Auhof
Lainzer Tiergarten
Kn.Landstraße
W.-Simmeringer Haide
St.Christophen
Eichgraben
Böheimkchn.
Altlengbach
Großram
Wolfsgraben
Laab i.Walde
Altmannsdf.
Mannsw.
St.Christophen
Favoriten
Pyhra
Kasten b.Böheimkirchen
Altlengbach
Kn. Steinhäusl
Breitenfurt
Kalksburg
Liesing
Kn. W.-Inzersdorf
Schwechat
Hochstraß
Neustift
Perchtoldsdf.
Brunn a.G.
Vösendf.
Leopoldsdf.
Stössing
Kaltenleut-
Zwölfaxing

1 Um das Hollenburger Wetterkreuz

Einer der schönsten Wanderwege

Hollenburg – Wetterkreuz – Nußdorf – Spatzenberg – Krustetten – Hollenburg

Talorte: Hollenburg, 207 m, Markt am rechten Donauufer. Nußdorf, 249 m, Weinort westlich von Traismauer. Krustetten, 345 m, Dorf südwestlich von Hollenburg.
Ausgangspunkt: Ortszentrum Hollenburg.
Parkmöglichkeit: Parkplätze im Ortsgebiet von Hollenburg.
Gehzeiten: Hollenburg – Wetterkreuz ¾ Std., Wetterkreuz – Nußdorf 1 Std., Nußdorf – Krustetten 1¼ Std., Krustetten – Hollenburg 1 Std.; Gesamtgehzeit 4 Std.
Anforderungen: Leichte Wanderung auf nicht immer gut bez. Wegen.
Höhenunterschiede: 350 m im An- und Abstieg.
Höchster Punkt: Spatzenberg, ca. 420 m.
Einkehrmöglichkeiten: In den berührten Orten Gasthäuser und Heurigenbetriebe.
Sehenswertes: Vom Wetterkreuz wunderbarer Panoramablick über das Tullner Feld von Krems bis Greifenstein bei Wien. Vom Ort Krustetten herrlicher Göttweigblick.

Hinweise: Besuchenswert ist das »Wetterkreuzfest« am 2. Sonntag im September.

Ganz gleich zu welcher Jahreszeit man die Hollenburger Wetterkreuz-Runde unternimmt, die Tour verspricht vollkommenes Wanderglück für Jung und Alt. Da muß man unterwegs natürlich den »Heurigen« verkosten, im Weinort Nußdorf oder oben in Krustetten, das mit seinem tollen Göttweigblick mehr als nur eine kurze Rastpause verdient!

Vom **Ortszentrum** in Hollenburg die Straße nach Krems zur Geymüller'schen Schloßkellerei. Links ab und auf Straße (»Schillersteig«) einen Graben nach Südwesten hoch zum letzten Haus. Nach rechts in den Wald und dort empor zu einem Fahrweg. Diesen nach links zur Rechtsabzweigung eines Fußweges. Auf ihm südwärts bergauf zu den Weingärten am Sattel zwischen den beiden Gipfeln des Schiffberges. Dort links ab und auf bez. Steig im Wald steil nach Osten hoch zur weitschauenden **Wetterkreuz-Kirche** am Ostgipfel, 367 m.

Auf einem Fahrweg, an Kreuzwegstationen vorbei, wieder hinab zum Sattel mit der Zufahrtsstraße von Hollenburg und diese nach links (Südosten) zu einer Kurve. Den Fahrweg geradeaus abwärts zu einem Güterweg. Auf ihm durch Weingärten nach links hinab zu einer Asphaltstraße. Diese nach rechts

Die weitschauende Wetterkreuz-Kirche am Ostgipfel des Schiffberges.

(Süden) zum Bildstock »Neusiedler Kreuz« und durch den Ortsteil Neusiedl nach **Nußdorf**, 249 m.
Zurück zur Verzweigung nach dem »Neusiedler Kreuz«. Links einen Güterweg vorerst nord-, dann westwärts hinauf zum Oberrand der Weingärten. Nach rechts in den Wald und dort empor zur Höhe des **Spatzenberges**, ca. 420 m. Jenseits hinab zu den Wiesen um Krustetten, dort den »Oberen Waldweg« nach links zu einer Asphaltstraße und diese rechts nach **Krustetten**, 345 m. Die Straße nach Hollenburg nordwärts aus dem Ort zu einer Rechtskurve, danach rechts ab zum Bildstock »Kreuz im Eichbühel«. Auf Fahrweg, am Pestkreuz vorbei, nordostwärts über Felder zum Waldrand mit querendem Fahrweg. Auf ihm links abwärts zu einem Stadel. Geradeaus den bez. Fußweg weiter und auf bekannter Route nach **Hollenburg**.

2 Stift Göttweig, 425 m, und Waxenberg, 499 m

Große Achterschleife in Banne des österreichischen Montecassino

Furth – Stift Göttweig – Kleinwien – Heugraben – Waxenberg – Sommeraugraben – Kleinwien – Furth

Talorte: Furth, 214 m, am Nordfuß des Göttweiger Berges. Kleinwien, ca. 250 m, Weiler im Fladnitztal. Paudorf, 257 m, Gemeinde südlich des Göttweiger Berges.
Ausgangspunkt: Ortszentrum von Furth.
Parkmöglichkeit: Mehrere Parkplätze im Ortsgebiet von Furth.
Gehzeiten: Furth – Stift Göttweig ½ Std., Stift Göttweig – Kleinwien ¼ Std., Kleinwien – Heugraben – Waxenberg 1–1¼ Std., Waxenberg – Sommeraugraben – Kleinwien ¾ Std., Kleinwien – Furth ¾ Std.; Gesamtgehzeit 3¼–3½ Std.
Anforderungen: Einfache Tour. Nicht optimal bez. Wege und Forststraßen.
Höhenunterschiede: 460 m im An- und Abstieg.
Höchster Punkt: Waxenberg, 499 m.
Einkehrmöglichkeiten: Restaurant Stift Göttweig (15. Jan. bis 10. Febr. geschlossen, sonst zwischen 10 und 18 Uhr, vom 1. Mai bis 30. Sept. zwischen 9 und 22 Uhr geöffnet, kein Ruhetag); Urlaub im Kloster Göttweig (Exerzitienhaus St. Altmann, 40 B., immer geöffnet); Ghf. Schickh (18 B., vor Ostern geschlossen, Mi. und Do. Ruhetag); Gasthöfe in Furth und Paudorf.
Variante: Aus dem Heugraben Besuch der sehenswerten Mammutbäume am Eichberg (siehe »Wissenswertes«). Gesamter Zeitaufwand 1 Std.

Das auf einem abgeflachten Bergkegel gelegene Stift Göttweig gehört mit St. Florian, Melk und Klosterneuburg zu den großen Donau-Monasterien. Es kann mit dem Auto, aber auch zu Fuß erreicht werden. Neben barocker Pracht und leiblichen Genüssen (Restaurant!) werden uns oben wundervolle Tiefblicke auf Tullner Feld und Krems zuteil. Über Kleinwien erreichen wir später den 70 Meter höheren Waxenberg, der den wohl schönsten Anblick der Klosteranlage schenkt.

Von **Furth** die **Obere Landstraße** südwärts zum Ghf. Preis. Rechts den **Villenweg** empor zu einem Querweg und diesen nach links zu einer Teilung am Nordrücken des Göttweiger Berges. Rechts quer durch seine Ostflanke hinauf zum Weg Nr. 475 und auf ihm empor zur Zufahrtsstraße. Diese nach rechts zu einer Teilung und nochmals rechts (Fußweg unterhalb der Straße) zu den Parkplätzen am Nordeingang des **Stiftes Göttweig**, 425 m.

Zurück zur erwähnten Teilung und dort rechts hinauf zum Südtor. Auf Weg Nr. 475 vorerst in West-, dann in Südrichtung abwärts in das Fladnitztal und dort, den Weg Paudorf – Furth kreuzend, zum Ghf. Schickh in **Kleinwien**, ca. 250 m. Über das Bahngleis zu einer Asphaltstraße und auf ihr links nach **Paudorf**, 257 m. Bei der Ortstafel auf Straße rechts, südwestwärts, in den **Heugraben** (Linksabzweigung einer Forststraße zu den Mammutbäumen am Eichberg) und durch ihn empor zu einer Verflachung. Rechts ab und auf bez. Karrenweg nach Nordwesten zum Sattel **»Schwarze Lacke«**, ca. 400 m. Dort einen Waldrücken nach rechts (Nordosten) hinauf zum Gipfel des **Waxenberges** (499 m; Kreuz, Buch, Bank).
Zurück zur »Schwarzen Lacke«. Auf Forststraße rechts hinab in einen Sattel, dann die Straße durch den Sommeraugraben rechts hinunter nach **Kleinwien** und dort zum Ghf. Schickh mit dem Weg Paudorf – Furth dahinter. Diesen nach links (Nordwesten), später aufwärts zum Sattel zwischen »Hals« und Göttweiger Berg. Jenseits abwärts, dann eben weiter, zuletzt auf bekannter Route nach **Furth**.

Bei den Mammutbäumen am Eichberg bei Paudorf.

3 Ferdinandswarte, 370 m

Ein schönes Ziel für geringe Mühe

Hundsheim – Donauleitenweg – Ferdinandswarte – Römerstraße »Steinplatte« – Mauternbach – Hundsheim

Talorte: Hundsheim, 199 m, am südlichen Donauufer zwischen Mautern und Rossatz gelegen. Mauternbach, ca. 205 m, Dorf südlich von Hundsheim.
Ausgangspunkt: Ortszentrum von Hundsheim, 199 m.
Parkmöglichkeit: Parkplätze im Ortsgebiet von Hundsheim.
Gehzeiten: Hundsheim – Donauleitenweg – Ferdinandswarte 1 Std., Ferdinandswarte – Römerstraße – Hundsheim ¾ Std.; Gesamtgehzeit 1¾ Std.
Anforderungen: Unschwieriger Halbtagesausflug auf gut bez. Wegen.
Höhenunterschiede: 190 m im An- und Abstieg.
Höchster Punkt: Plateaurand des Dunkelsteinerwaldes, ca. 385 m.
Einkehrmöglichkeiten: Heurigenlokale in Hundsheim und Mauternbach, sonst keine Einkehr!
Sehenswertes: Der Tiefblick von der Ferdinandswarte in das Donautal. Die Römerstraße »Steinplatte« mit noch erkennbaren Fahrrillen.

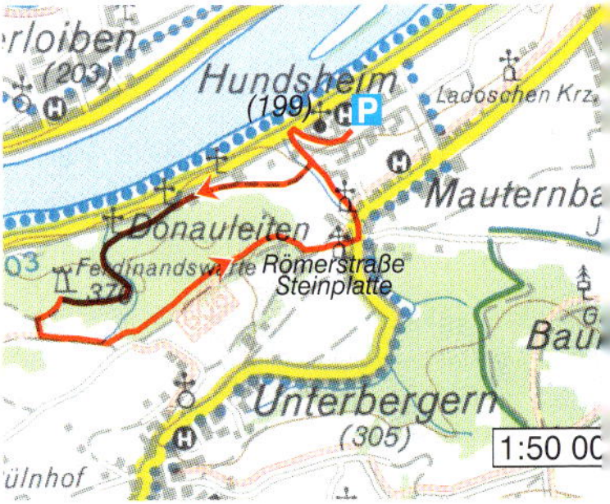

Aus dem Donautal bei Loiben gewahrt man im Süden über dem Felsabbruch der Hohen Wand den verheißungsvoll herabgrüßenden Parapluie der Ferdinandswarte. Dieser Luginsland lohnt nicht nur des Rundblicks wegen den Besuch, man kann im Abstieg auch die Reste einer Römerstraße bewundern, jener alten Stichstraße vom Dunkelsteinerwald-Plateau hinab zu dem damals noch unzugänglichen südlichen Donauufer, wo die Grenzposten am »Limes« gegen die Germanen standen.

Von **Ortszentrum in Hundsheim** westwärts zur Donauuferstraße (Bundesstraße 33). Links ab und auf blau bez. Asphaltstraße durch Wein- und Obstgärten 150 m nach Südosten, dann rechts ab und auf Fahrweg am Oberrand der Weingärten nach Westen zur Linksabzweigung des blau bez. **Donauleitenweges**. Auf ihm an den Waldhängen südwestwärts in Kehren hoch in einen Graben. Durch ihn im felsdurchsetzten Gelände steil nach Südosten empor, dann an den Hängen nach rechts (Westen) hinauf zu dem auf einem Felsvorsprung über Hoher Wand und dem Donautal stehenden Holzpavillon der **Ferdinandswarte**, 370 m.

Auf *rot* bez. Weg, an Felsformationen vorbei, nach Südwesten aufwärts zu ebener Waldwiese (Sitzgarnitur) am **Dunkelsteinerwald-Plateau.** Durch Eichenwald eben und abwärts zu einer Schranke, danach auf Naturstraße über Felder zu einem Verzweigungspunkt bei kleinem Moor-Biotop (Naturdenkmal). Die bez. Straße mit Weg Nr. 606 nach links (Osten) abwärts zu einer Asphaltstraße. Diese 50 m weiter, dann links auf bez. Karrenweg am Waldrand entlang, schließlich durch Weingärten in Nordostrichtung hinunter zur hohlwegartigen **Römerstraße »Steinplatte«** (mit Fahrrillen!) und auf ihr abwärts nach **Mauternbach** (ca. 205 m; Kapelle, Bank). Die querende Asphaltstraße 50 m nach links hinab zum **»Weingut Graf«**. Dort links ab und anfangs auf bez. Asphaltstraße, dann auf begrüntem Weg nordwestwärts einen Graben hinunter zur Linksabzweigung des »Donauleitenweges«. Weiter auf bekannter Route nach **Hundsheim**.

Die Ferdinandswarte über dem Südufer der Donau.

4 Hirschwand, ca. 635 m, und Seekopf, 671 m

Aussichtsbalkone und Miniatur-Klettersteige oberhalb von Rossatz

St. Lorenz – Steinige Ries – Hirschwand – Seekopf – Meurersteig – Kienstock – St. Lorenz

Talorte: Rossatz, 225 m, Markt am südlichen Donauufer gegenüber von Dürnstein. St. Lorenz, 205 m, 2 km westlich von Rossatz gelegene Fraktion.
Ausgangspunkt, Parkmöglichkeit: Parkplatz am nordöstlichen Ortsende von St. Lorenz, 205 m.
Gehzeiten: St. Lorenz – Hirschwand 2–2¼ Std., Hirschwand – Seekopf 20 Min., Seekopf – Oberkienstock ¾–1 Std., Oberkienstock – St. Lorenz ½ Std.; Gesamtgehzeit 3½–4 Std.
Anforderungen: Mittellange Wanderung auf meist gut bez. Wegen und Steigen. Die Gipfelbesteigung der Hirschwand erfordert jedoch Klettersteig-Erfahrung!
Höhenunterschiede: 500 m im An- und Abstieg.
Höchster Punkt: Seekopf, 671 m.
Einkehrmöglichkeiten: Keine.

Die Hirschwand bei Rossatz gehört zu den wenigen Erhebungen der Wachau, die für Wanderer wie für Klettersteigfans zum Begriff geworden sind. Sie wird meist mit dem höheren Seekopf bestiegen, der seit 1993 eine Aussichtswarte trägt. Von den vielen Zugängen lassen sich der Steinige-Ries- und der Meurersteig zu einer Rundtour verbinden. Was da an Schönheiten geboten wird, gleicht einem Einschulungskurs in Wachau-Spezialitäten: Eichen- und Robinienwälder, Felskulissen aus rotgelbem Gneis, Tiefblikke zur Donau und auf malerische Ortschaften sowie die immer wieder beglückende Schau zu den Voralpen im Süden.

Von **St. Lorenz** die Straße in Richtung Rossatz nach 50 m zur Rechtsabzweigung eines Karrenweges. Auf ihm in Ostrichtung aufwärts, dann nach rechts in den Wald und zu einer Forststraße. Auf ihr nach rechts hoch zu einer Teilung und geradeaus zum Sattel mit der **Fahnenwand**. An den Hängen der **Steinigen Ries** westwärts zu einer Schulter, dann auf gelb bez. Steig in einen Graben und dort zu einer Scharte an langgestreckter Felsmauer. Jenseits ein Stück abwärts, dann steil hoch und in langer Querung nach rechts (Südwesten) hinauf zum Sattel zwischen Hirschwand und Seekopf mit Wegteilung danach. Auf grün bez. Steig nach links unter die Hirschwand.

Im Anstieg zur Hirschwand.

Entweder links empor in eine Scharte und dort am Südwestgrat (Eisenklammern, Drahtseil) hoch zum Gipfel der **Hirschwand** (ca. 635 m) oder auf Steig gerade weiter unter die 20 m hohe, senkrechte Südostwand und über sie (Eisenklammern, Drahtseil) empor zum höchsten Punkt.
Zurück zum Sattel vor dem Seekopf. Seinen bewaldeten Nordostrücken auf bez. Steig aufwärts zur Rechtsabzweigung des Meurersteiges und geradeaus weiter zum Gipfel des **Seekopfs** (671 m) mit 25 m hoher Aussichtswarte (»Seekopfturm«).
Zurück zur Abzweigung des rot bez. **Meurersteiges** (Nr. 653). Auf ihm über steile Waldhänge abwärts, dann durch einen Graben mit Felsbildungen hinunter und nach rechts zur Donauuferstraße nahe **Oberkienstock**, 205 m. Auf staubfreiem Fußweg entlang der Straße rechtshaltend nach **Unterkienstock** und weiter zu einem Aussichtspunkt (Golgata-Kreuzgruppe rechts oberhalb). Dort links hinab zum **Treppelweg** und auf ihm nach **St. Lorenz**.

5 Kupfertal

Zur alten Römerstraße bei Bacharnsdorf

Bacharnsdorf – Kupfertal – Unterer Römerweg – Talschluß – Türkentor – Oberer Römerweg – Bacharnsdorf

Talort: Bacharnsdorf, 206 m, am rechten Donauufer gegenüber von Spitz.
Ausgangspunkt: Ortszentrum (Bushaltestelle) von Bacharnsdorf.
Parkmöglichkeit: Parkplätze im Ortsbereich von Bacharnsdorf.
Gehzeiten: Bacharnsdorf – Unterer Römerweg – Talschluß ¾ Std., Talschluß – Türkentor – Oberer Römerweg – Bacharnsdorf 1¼ Std., Gesamtgehzeit 2 Std.
Anforderungen: Einfache Wanderung auf bez. Wegen und Straßen.
Höhenunterschiede: 250 m im An- und Abstieg.
Höchster Punkt: Kupfertal-Talschluß, ca. 450 m.
Einkehrmöglichkeiten: In den Arnsdörfern Heurigenlokale, in Mitterarnsdorf ein Gasthof. Unterwegs keine Einkehr.
Sehenswertes: Der römische Wachturm »Burgus« (370 n.Chr.) in Bacharnsdorf, ein alter Befestigungsturm an der Donaugrenze »Limes« gegen die Germanen.

Ein überaus ansprechender Winkel an der rechten Wachauseite ist das aus dem Donautal zur Dunkelsteinerwald-Hochfläche sanft ansteigende Kupfertal bei Bacharnsdorf. Seinen unteren Abschnitt schmücken nicht nur romantische Felskulissen, es findet sich dort auch Österreichs besterhaltene »Römerstraße« (siehe auch Tour 3) mit Pflasterung und deutlich eingravierten Fahrrillen. Das berühmte »Türkentor« wurde 1529 unter Kaiser Ferdinand I. gegen den Ansturm der Osmanen errichtet.

Von **Bacharnsdorf** auf blau bez. Sträßchen links vom Dürrenbach durch Weingärten in Südostrichtung sanft aufwärts, dann durch einen Hohlweg zu einem alleinstehenden Wohnhaus am Eingang in das **Kupfertal**. Auf markiertem, begrüntem Fahrweg (»**Unterer Römerweg**«) im Wald aufwärts zu einer Grabenteilung (Bank). Im rechten Ast, einem düsteren Waldgraben, weiter talein zu einer Engstelle mit eindrucksvollen Felsformationen und weiter zur Rechtseinmündung eines grün bez. Fahrweges. Auf ihm (viele alte Schleif- und Fahrrillen) durch den bewaldeten Talgraben nahe dem Bach hinauf zu

Das »Türkentor« im Hintergrund des Kupfertales.

querender Forststraße, danach zur Wegverzweigung im Talschluß (Marienbild, ca. 450 m).
Zurück zur Abzweigung des grün bez. Fahrweges und diesen nun an der linken Talseite im Wald eben nach Nordwesten zum **»Türkentor«**. 50 Meter danach wird die Kupfertalstraße Mitterarnsdorf – Nesselstauden traversiert. Jenseits auf Forststraße (»Mühlbergstraße«) 200 m eben zur Abzweigung eines grün bez. Fahrweges halb rechts. Diesen (**»Oberer Römerweg«**; deutlich sichtbare Fahrrillen!) in Nordwestrichtung sanft abwärts, dann im felsigen Waldgelände einen gewundenen Hohlweg hinunter und wieder zur Autostraße. Auf ihr durch Weingärten nach 500 m zur Rechtsabzweigung eines asphaltierten Güterweges. Diesen durch Wein- und Obstgärten in Nordrichtung sanft abwärts zur Donauuferstraße und dort rechtshaltend nach **Bacharnsdorf**.

6 Von Spitz nach Maria Langegg, 511 m

Eine Wallfahrt in die klösterliche Abgeschiedenheit des Dunkelsteinerwaldes

Spitz – Donaufähre – Buchental – Forsthaus Ernsthof – Goldreut – Maria Langegg

Talorte: Spitz, 223 m, Markt und Winzerort links der Donau, im Zentrum der Wachau. Maria Langegg, 511 m, bekannter Wallfahrtsort im Dunkelsteinerwald.
Ausgangspunkt: Rollfähre-Anlegestelle, 206 m, am Donauufer in Spitz.
Parkmöglichkeit: Parkplätze im Ortsbereich von Spitz.
Gehzeiten: Spitz – Ernsthof 1¼–1½ Std., Ernsthof – Maria Langegg 1 Std., Rückweg Maria Langegg – Spitz 2 Std.; Gesamtgehzeit 4¼–4½ Std.
Anforderungen: Leichte, aber lange Tour. Gut bez. Wege und Forststraßen.
Höhenunterschiede: 600 m im An- und Abstieg.
Höchster Punkt: Anhöhe, ca. 660 m, am Plateau des Dunkelsteinerwaldes
Einkehrmöglichkeiten: Gasthöfe in Spitz und Maria Langegg. Unterwegs keine Einkehr!
Hinweis: Ausdauernde können unterwegs die Rote Wand sowie den Hohen Stein (je ¾–1 Std. zusätzlicher Zeitaufwand) besteigen. Siehe Tour 7!

Das Servitenkloster Maria Langegg, abgeschiedenes Barockjuwel im Dunkelsteinerwald, ist ein unter Wanderern und Autofahrern gleichermaßen geschätztes Ziel. Aus der Wachau, etwa von Spitz, erreicht man es zu Fuß durch das waldreiche Buchental, vorbei am Felsobelisk des Hohen Stein und am entlegenen Forsthaus Ernsthof mit sehenswertem Tiergehege.

Von **Spitz** mit der **Rollfähre** (Ganzjahresbetrieb; Fahrten von 6.00 bzw. 7.00 bis 18.00 Uhr, im März und Okt. bis 19.00 Uhr, zwischen April und Sept. bis 21.00 Uhr) zur **Anlegestelle Arnsdorf** am südlichen Donauufer. Dort den bez. Weg Nr. 605 und 653 durch Weingärten in Südostrichtung zur Bundesstraße 33. Auf ihr 20 m nach rechts, dann links ab und auf schmaler Asphaltstraße in Südostrichtung aufwärts zu einer Rechtskehre im **Buchental**. Geradeaus auf bez. Karrenweg den Waldgraben hinauf, zuletzt in einigen Kehren hoch zu querendem Fahrweg (er führt nach rechts zur Roten Wand).

Auf ihm kurz nach links empor zu einer Lichtung mit einer ebenen Waldstraße. Die Straße mit Weg Nr. 605 und 653 nach rechts (Südwesten) aufwärts und eben zum **Forsthaus Ernsthof** am Wiesensattel zwischen Friedrichsfelsen und Roter Wand. Dort durch ein Gittertor, dann die Straße in Südrichtung, an Waldhängen entlang, eben zu einem Wildgehege (rechts unterhalb) und weiter zur Schulter **Goldreut** (604 m, alter Bildstock). Nun nach links (Südosten) aufwärts zu einer Anhöhe mit Schranke (ca. 660 m), ½ Std. vom Ernsthof. Rechts ab und den Karrenweg Nr. 605 in Südrichtung eben oder sanft abwärts zur Forststraße am Sattel vor dem Brunnkogel. Jenseits steiler hinab in einen Waldgraben, dessen Sohle bei einem Gittertor erreicht wird. Den Graben auf Forststraße in schöner Wanderung nach Süden abwärts, dann um eine Bergkante herum nach links zu querendem Fahrweg. Auf ihm über Wiesen nach links in den Ortsbereich von **Maria Langegg**, 511 m, und dort in Südrichtung hinauf zu dem auf einem Hügel stehenden Servitenkloster (Wallfahrtskirche).
Rückkehr nach Spitz auf bekanntem Weg.

Die Wallfahrtskirche Maria Langegg im Dunkelsteinerwald.

7 Hoher Stein, 725 m, und Rote Wand, 592 m

Zwei verborgene Felsklippen über dem Donautal

Spitz – Donaufähre – Buchental – Hoher Stein – Rote Wand

Talort: Spitz, 223 m. Markt und Winzerort am linken Donauufer, im Zentrum der Wachau.
Ausgangspunkt, Parkmöglichkeit: Siehe Tour 6!
Gehzeiten: Spitz – Hoher Stein 1¾–2 Std., Hoher Stein – Rote Wand ¾ Std., Rückweg Rote Wand – Spitz 1–1¼ Std.; Gesamtgehzeit 3½–4 Std.
Anforderungen: Anspruchsvolle Tour auf z.T. schlecht bez. Wegen und Forststraßen. Im Gipfelanstieg zum Hohen Stein sind Trittsicherheit, Schwindelfreiheit und Kletterkönnen (für weniger Geübte Seilsicherung!) nötig.
Höhenunterschiede: 540 m im An- und Abstieg.
Höchster Punkt: Hoher Stein, 725 m.
Einkehrmöglichkeiten: Gasthöfe in Spitz. Unterwegs keine Einkehr.
Hinweis: Das vorliegende Unternehmen läßt sich gut mit Tour 6 kombinieren.

Gegenüber von Spitz ragt an der südlichen Donautalseite die stolze Felsklippe des Hohen Stein gegen den Himmel. Und es ist auch der einzige Ort in der Wachau, von dem aus man den eindrucksvollen Recken zu sehen bekommt. So wissen nur Insider um die Qualitäten dieser »Trutzburg«, kennen den etwas komplizierten und nicht ganz leichten Zugang zu ihr. Da gibt sich die wunderbare Aussichtskanzel der Roten Wand wesentlich zahmer, weshalb sie jenen empfohlen sei, die ohne Gefahr und Beschwer einen besonders schönen Blick in das Donautal und auf den in südlicher Ferne grüßenden Ötscher genießen wollen.

Von **Spitz** wie bei Tour 6 zum »querenden Fahrweg« und auf ihm kurz nach links hinauf zu einer Lichtung mit ebener Waldstraße.

Die unbez. Straße an den bewaldeten Abhängen des Mühlberges nach links in eine seichte Mulde. Dort rechts ab und auf gelb bez. Steigspuren die Mulde steil nach Nordosten hoch, später neben dem getürmten Südgrat des Hohen Stein nordwärts hinauf in eine Rinne am Ostwandfuß des 40 m hohen Felsens. Im linken Bereich der Wand über eine 3 m hohe Stufe (keine Sicherungen) auf ein Band, danach über einen 7 m hohen senkrechten

In den Gipfelfelsen des Hohen Stein.

Aufschwung (Holzleiter, Eisenleiter) zur Südschulter. Nun durch eine steile plattige Runse (keine Sicherungen!) empor zum luftigen Gipfel des **Hohen Stein** (725 m; Gipfelkreuz mit Buch).
Zurück zu der Stelle, wo man im Anstieg den »querenden Fahrweg« erreicht hat. Auf ihm nun ohne Markierung geradeaus, nordwestwärts, an den Hängen des Hochreut im Wald eben zu einer Bergkante mit Felsbildungen. Um sie nach links herum und aufwärts zu einem Umkehrplatz am Nordwestrükken des Berges. Auf begrastem Weg gerade fort und vorerst etwas abwärts, dann eben zur aussichtsreichen Schulter der **Roten Wand** (592 m; Gipfelkreuz mit Buch, Liegewiese).
Rückkehr nach Spitz auf bekanntem Weg.

8 Von Maria Langegg zur Ruine Aggstein, 501 m

Sonntagsspaziergang zu einer der prächtigsten Landmarken Ostösterreichs

Maria Langegg – Ruine Aggstein

Talort: Maria Langegg, 511m, Wallfahrtsort im Dunkelsteinerwald.
Ausgangspunkt, Parkmöglichkeit: Parkplätze, 511 m, an der Straßenverzweigung im nördlichen (unteren) Ortsbereich von Maria Langegg.
Gehzeiten: Maria Langegg – Ruine Aggstein 1 Std., retour 1 Std.; Gesamtgehzeit 2 Std.
Anforderungen: Leichte Wanderung auf bez. Fuß- und Fahrwegen. Vielbegangen!
Höhenunterschiede: 200 m im An- und Abstieg.
Höchster Punkt: Schulter nordwestlich des Prinz-Schönburg-Felsens, ca. 600 m.
Einkehrmöglichkeiten: Gastwirtschaft und Herberge Ruine Aggstein (35 B., 15 Notlager; 1. April bis 31. Okt., bei Schönwetter bis Mitte Nov. geöffnet, kein Ruhetag!). Gasthof und Klosterstüberl in Maria Langegg.
Sehenswertes: Das Servitenkloster und die barocke Wallfahrtskirche von Maria Langegg. Die Ruine Aggstein (Eintrittsgeld!).
Hinweis: Von der Anhöhe nordöstlich oberhalb der Ruine Aggstein (auf unbez. Steig in 20 Min. zu erreichen) wunderbarer Blick auf Ruine, Donautal und Voralpen.
Variante: Vom Oberhof können Geübte mit Orientierungssinn die Tischwand besuchen. Auf schlecht bez. Fahrweg eine Wiese nach Nordwesten hoch, dann links an einen Waldrücken und dort eben zum Sattel vor dem P 615. Auf Steigspuren (Rotpfeilmarkierung) links vom Kamm eben weiter zum steilen Südwestrücken des P 615 und über ihn hinab auf ein Waldplateau. Über dieses, dann den steilen Rücken, einen Felsabbruch rechts umgehend, hinab in einen Sattel und jenseits zur Kanzel der Tischwand (ca. 510 m; im Steinmann Metallschatulle mit Gipfelbuch); ½ Std. vom Oberhof.

Als Raubritterburg arg in Verruf geraten, gehört die alte Kuenringer-Feste und heutige Ruine Aggstein zu den großen Sehenswürdigkeiten der Wachau. Man erreicht die auf schroffem Felskamm über dem Donautal malerisch postierte Ruine entweder mit dem Auto vom Ort Aggstein oder schöner zu

Fuß vom Dunkelsteiner Wallfahrtsort Maria Langegg. Vom Oberhof sollten sich Geübte den Abstecher zur Tischwand gönnen. Das ist eine nur selten besuchte, luftige Felskanzel mit schwindelerregender Schau in das Donautal und phänomenalem Ötscherblick .
Von **Maria Langegg** die Straße mit Weg Nr. 605 und 653 westwärts zu einer Verzweigung. Rechts über Wiesen hinauf zu einer Anhöhe mit neuerlicher Teilung. Geradeaus in den Wald und dort in einen Graben, der im Linksbogen ausgegangen wird. Danach halb rechts ab und auf Karrenweg an der Südflanke des Brunnkogels nach Westen aufwärts und eben zum verfallenen **Oberhof** (583 m, Verzweigung). Nun den bez. Karrenweg nach links (Süden) aufwärts zu einem Fahrweg. Auf ihm nach rechts zu einer Schulter, ca. 600 m, nordwestlich des Prinz-Schönburg-Felsens. Jenseits hinab zu einem Kahlschlag (Donautalblick!), dann in langer Hangquerung durch Wald südwestwärts zur **Ruine Aggstein**, 501 m.
Rückkehr nach Maria Langegg auf bekanntem Weg.

Ruine Aggstein über dem Donautal.

9 Um den Wolfsteingraben

Geh- und Schauerlebnisse in einem noch unentdeckten Winkel der Wachau

Aggsbach-Dorf – Wolfstein – Sillsattel – Kartause Marienpforte – Aggsbach

Talorte: Aggsbach-Dorf, 233 m, an der Mündung des Aggsbachtales in das Donautal. Wolfstein, 326 m, Dorf im gleichnamigen Graben südlich von Aggsbach.
Ausgangspunkt, Parkmöglichkeit: Hotel-Restaurant Donauterrassen, 208 m, am Donauufer in Aggsbach-Dorf. Parkplätze.
Gehzeiten: Hotel Donauterrassen – Wolfstein 1 Std., Wolfstein – Sillsattel ¾–1 Std., Sillsattel – Hotel Donauterrassen 1¼ Std.; Gesamtgehzeit 3–3¼ Std.
Anforderungen: Unschwierige Tour. Schlecht markiert. Orientierungssinn nötig!
Höhenunterschiede: 340 im An- und Abstieg.
Höchster Punkt: Sillsattel, 510 m.
Einkehrmöglichkeiten: Hotel-Pension Jagdschloß Wolfstein (25 B.; keine Restauration, Pensionsbetrieb auf Bestellung!). Gasthöfe in Aggsbach-Dorf.
Sehenswertes: Die Burgruine Wolfstein, die Kartause Marienpforte in Aggsbach-Dorf mit der »Alten Hammerschmiede« und der Gurhofgraben (siehe »Wissenswertes«).

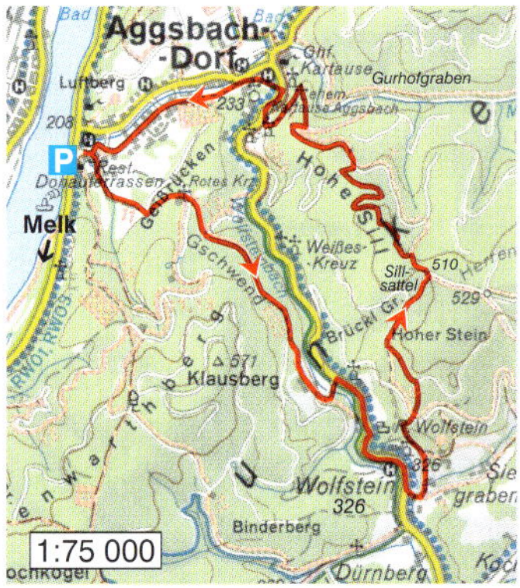

Der bei der Kartause Marienpforte in das Aggsbachtal mündende Wolfsteingraben gehört zu den vernachlässigten Gebieten der Wachau. So ist es angebracht, für diesen entlegenen Winkel eine Lanze zu brechen. Allerdings sind Unannehmlichkeiten wie schlechte Wege und fehlende Markierungen in Kauf zu nehmen.

Vom **Hotel-Restaurant Donauterrassen** die Straße mit Weg Nr. 11 eben (!) nach Südosten zu einer Teilung. Nach rechts hoch zu einer Verzweigung am Waldrand. Nochmals rechts und auf Fahrweg hinauf zu einer Forststraße. Diese links aufwärts zur Verzweigung »Rotes Kreuz« am Geißrücken. Die Straße (Weg Nr. 13) geradeaus, dann im Rechtsbogen zu einer Teilung und dort (Straße mit Weg Nr. 653) am Abhang des Klausberges gerade fort und hinab in den Wolfsteingraben mit der Straße Aggsbach – Mauer. Auf ihr rechts talein nach **Wolfstein,** 326 m.

Bei der Bushaltestelle nach links über den Bach zum Ghf. Haslinger (derzeit geschlossen!). Dort auf schmaler Straße (Nr. 7 und 8, grüne Tafeln) durch Wald nach links (Norden) hinauf zur **Ruine Wolfstein**. Von der Wegtrasse rechts ab und am linken Rand eines Kahlschlages, die Forststraße mit Weg Nr. 8 kreuzend, steil und weglos nach Nordosten hoch zu querender Wald-

Die Kartause Marienpforte in Aggsbach-Dorf.

straße (Wildfütterung). Auf ihr am Westabhang des Hohen Stein nach links aufwärts zum **Sillsattel,** 510 m.

Den Fahrweg gegen die Hohe Sill 100 m nach links, bis er zu steigen beginnt. Dort weglos nach rechts in den Wald zu anderer Forststraße. Auf ihr am Ostabhang des Berges nordwestwärts gegen den Gurhofgraben hinunter zu Rechtskehre. 150 m danach zweigt links ein unbez. Fahrweg ab. Diesen nordwärts hinab zum **Kalvarienberg** (Aussichtskanzel) der Kartause Marienpforte. Bei der 10. Kreuzwegstation auf breitem Weg nach Südwesten abwärts, dann über Stiegen zur Straße im **Wolfsteingraben**. Diese, an der **Kartause Marienpforte** vorbei, nach rechts zur Linksabzweigung eines breiten Weges. Auf ihm über den Wolfsteinbach, dann an der »**Alten Hammerschmiede**« vorbei zur Aggsbachbrücke im Ortsgebiet von **Aggsbach-Dorf**. Am linken Bachufer verbleibend durch den Ort in Südwestrichtung talaus zum **Hotel-Restaurant Donauterrassen**.

10 Von Aggsbach-Dorf nach Schönbühel

Wer geht, hat mehr vom Leben!

Aggsbach-Dorf – Hohenwarthberg – Bildbuche – Hohenwarther Höhe – Hartgrub – Berging – Schönbühel

Talorte: Aggsbach-Dorf, 233 m, am rechten Donauufer. Schönbühel, 210 m, Ort mit prachtvollem Schloß südlich der Donau.
Ausgangspunkt, Parkmöglichkeit: Hotel-Restaurant Donauterrassen (208 m) in Aggsbach-Dorf, an der Bundesstraße 33.
Gehzeiten: Aggsbach-Dorf – Bildbuche ¾–1 Std., Bildbuche – Hohenwarther Höhe ½ Std., Hohenwarther Höhe – Berging ½ Std., Berging – Schönbühel ½ Std.; Gesamtgehzeit 2¼–2½ Std.
Anforderungen: Einfache Wanderung auf meist gut bez. Wegen und Forststraßen.
Höhenunterschiede: 330 m im An- und Abstieg.
Höchster Punkt: Am Hohenwarthberg, ca. 530 m.
Einkehrmöglichkeiten: Gasthöfe und Restaurants in Aggsbach-Dorf und Schönbühel. Unterwegs keine Einkehr!
Variante: Vom »Verzweigungspunkt« am Hohenwarthberg kann man die Straße mit Weg Nr. 12 nach rechts zu den Mauerresten des »Blashauses« (siehe »Wissenswertes«) verfolgen und danach in das Donautal absteigen.

Wer statt einer Befahrung der südlichen Donauuferstraße die Wanderung von Aggsbach über den Berg nach Schönbühel wählt, dem sind intensive landschaftliche Eindrücke gewiß. Als Höhepunkte seien der Hohenwarthberg mit selten schönem Wachaublick, das famose Voralpen-Paromama von der Hohenwarther Höhe und zuletzt das über der Donau prächtig thronende Schloß Schönbühel erwähnt. Summa summarum eine Wanderung durch Wälder und Auen, ohne Beschwer und Probleme, zu jeder Jahreszeit und bei jedem Wetter möglich und reizvoll.

Vom **Hotel-Restaurant Donauterrassen** die Straße mit Weg Nr. 6, 05, 12 und 605 nach Südosten aufwärts in einen Waldgraben. An seiner rechten Seite nach Süden empor zum Nordrücken des **Hohenwarthberges** mit Verzweigung. Rechts auf breitem Weg den jetzt steilen Rücken hoch zu einem Kahlschlag (Donautalblick!) und dort auf Fahrweg 150 m nach links zu

einem Verzweigungspunkt. Halb rechts auf Fahrweg, einige Forststraßen kreuzend, am Waldrücken hinauf zur **Bildbuche** (ca. 510 m), dann eben, schließlich über Felder (Voralpenblick!) abwärts zur **Hohenwarther Höhe**, 475 m, mit Asphaltstraße. Diese wird traversiert und jenseits auf bez. Weg zum verlassenen Haus »**Hartgrub**« abgestiegen. Dort auf Fahrweg (Nr. 5 und 653) nach rechts, später an der rechten Seite eines Grabens nach Südwesten hinab zu einer Teilung. Rechts, eine Wiesenmulde ausgehend, nach Nordwesten zum Dorf **Berging**, 332 m, an der Straße Gerolding – Schönbühel. Auf ihr nach links zum Ortsende, dort links ab und auf begrüntem Weg (Nr. 5) über Felder westwärts nach **Schönbühel**, 210 m.
Rückfahrt mit Bus (täglich um 12.08 und 16.50 Uhr; an Schultagen außer Samstag auch um 14.08 Uhr) nach **Aggsbach-Dorf**.

Das prächtige Schloß Schönbühel flußabwärts von Melk.

11 Hiesberg-Runde

Kein Superlativ zwar, doch lohnend allemal!

Zelking – Ruine Zelking – Pulverturm – Steinernes Kreuz – Eisernes Bild – Zelking

Talort: Zelking, 238 m. Dorf im Melktal, am Westfuß des Hiesberges.
Ausgangspunkt: Ghf. Erber in Zelking.
Parkmöglichkeit: Ortsbereich Zelking.
Gehzeiten: Zelking – Steinernes Kreuz 1¼–1½ Std., Steinernes Kreuz – Eisernes Bild ¾ Std., Eisernes Bild – Zelking 1 Std.; Gesamtgehzeit 3–3¼ Std.

Anforderungen: Leichte Tour auf z.T. schlecht bez. Fahrwegen und Forststraßen.
Höhenunterschiede: 300 m im An- und Abstieg.
Höchster Punkt: Auf der Anhöhe des Hiesberges, ca. 520 m.
Einkehrmöglichkeiten: Gasthöfe in Zelking. Unterwegs keine Einkehr!

Der alleinstehende Hiesberg südwestlich von Melk ist ein von Wanderern sträflich vernachlässigtes Gebiet. Dabei findet sich an diesem unscheinbaren Waldhügel noch jene Stille, die im Zentralbereich der Wachau längst verlorengegangen ist. Vom Dorf Zelking nahe der Westautobahn wird die aus Granitgesteinen der Böhmischen Masse gebildete Kuppe im weiten Bogen umwandert. Höhepunkt ist der faszinierende Voralpenblick von einem Kahlschlag am Südabhang des Berges. Eine Tour, die keine besonderen Ansprüche stellt und die man vorteilhaft mit der Familie unternimmt.
Vom **Ghf. Erber in Zelking** ostwärts über die Melk (Fußgängerbrücke) in den Ortsteil **Gassen** und dort hinauf zu den letzten Häusern. Auf Fahrweg (Nr. 68 und 256) nach links empor in den Wald zu kreuzender Forststraße und weiter in einen Graben. Durch ihn hoch, dann nach links über einen Bach, zuletzt im

Der Ort Zelking ist Startplatz für die Hiesberg-Wanderung.

Bogen um den Hügel der **Ruine Zelking** (Einsturzgefahr!) herum zum Waldsattel dahinter. Den Fahrweg nach Südosten hinauf zu einer Forststraße und auf ihr im Graben weiter zu einer Teilung. Links am Nordabhang des Hiesberges nach Osten bergauf zu einer Rechtskehre mit Verzweigung danach (Granitblock; die Straße führt weiter zum »**Großen Stein**«). Links den verfallenem Fahrweg ostwärts auf und ab zu einem Güterweg und diesen linkshaltend zur bez. Forststraße. Diese am Rücken des Berges nach rechts hinab in einen Sattel (»**Pulverturm**«, 482 m) mit Asphaltstraße. Auf ihr 100 m geradeaus, dann rechts ab und auf Forststraße (Weg Nr. 68) ostwärts zur Waldwiese bei der Gedenksäule »**Steinernes Kreuz**«.
Zurück zum erwähnten Sattel. Dort die Forststraße (Weg Nr. 68) am Südabhang des Berges nach Südwesten zu querendem Waldweg und diesen rechtshaltend aufwärts zum »**Eisernen Bild**« (477 m; Gedenkstein, Bänke) am Rücken des Hiesberges. Den gelb bez. Fahrweg in Richtung Au nach Süden wieder zur Forststraße und auf ihr zu großem Kahlschlag mit herrlichem Voralpenblick. Die Straße im Wald zur nächsten großen Lichtung. Kurz davor scharf rechts ab und auf Fahrweg (Nr. 256) nun nach Norden aufwärts zu einer Anhöhe, danach in langer Hangquerung abwärts nach **Zelking**.

12 Schanzriedel, 508 m

Ein übersehener Felsthron im Kremstal

Senftenberg – Botental – Poberkreuz – Schanzriedel – Herzogentisch – Senftenbergeramt – Senftenberg

Talort: Senftenberg, 254 m, Markt und Kurort im unteren Kremstal.
Ausgangspunkt: Die Raiffeisenbank im Zentrum von Senftenberg.
Parkmöglichkeit: Parkplätze im Ortsbereich von Senftenberg.
Gehzeiten: Senftenberg – Poberkreuz ¾–1 Std., Poberkreuz – Schanzriedel ½ Std., Schanzriedel – Senftenbergeramt 1 Std., Senftenbergeramt – Senftenberg 1¼ Std.; Gesamtgehzeit 3½–3¾ Std.
Anforderungen: Leichte Wanderung auf bez. Wegen und Straßen. Im Gipfelbereich des Schanzriedel jedoch Trittsicherheit nötig!
Höhenunterschiede: 300 m im An- und Abstieg.
Höchster Punkt: Herzogentisch, ca. 540 m.
Einkehrmöglichkeiten: In Senftenberg Gastbetriebe, sonst keine Einkehr!
Sehenswertes: Das Renaissanceschloß in Dros. Die über dem Kremstal zwischen Senftenberg und Senftenbergeramt steil aufragende Gamswand (Klettergarten!).

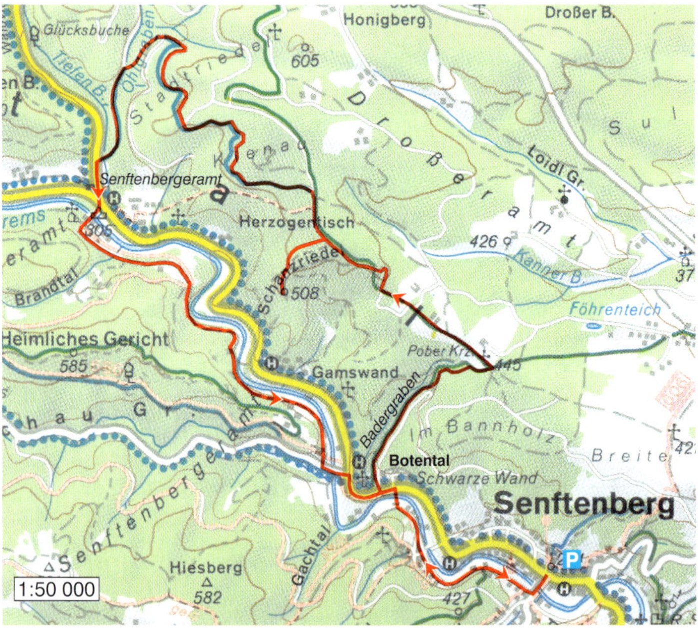

Trotz seiner Bedeutung als Luginsland und einstige Keltensiedlung ist der Schanzriedel ein erstaunlich stilles, unpopuläres Ziel. Auch die Nähe zum Kurort Senftenberg wirkt da keine Wunder. Ich empfehle seine Besteigung vornehmlich Liebhabern intimer Naturschönheiten, von denen es hier etliche zu entdecken gibt. Wir besuchen den Felskopf im Zuge einer Wanderung von Senftenberg zum Senftenbergeramt. Und am Rückweg können Kinder auf wildromantischen »Indianerpfaden« ihre Kraftreserven gründlich austoben.

Blick von Osten auf die über Weingartenterrassen aufragende Ruine Senftenberg mit Pfarrkirche St. Andreas links darunter.

Von der Raiffeisenbank in **Senftenberg** über die Krems in den Ortsteil **Hiesberg**. Dort vorerst auf Straße, später auf breitem Weg (Nr. 606) am Kremsufer nach rechts in die Fraktion **Altau** und über den Bach zur Bundesstraße 37 in **Botental**. Auf bez. Fahrweg Nr. 06 nordostwärts durch den **Badergraben** hinauf zu einer Teilung. Geradeaus weiter zu den Feldern des Waldviertelplateaus und über sie zum **Poberkreuz**, 445 m. Dort auf Fahrweg eben nach links (Nordwesten), später durch Wald aufwärts zu einer Anhöhe mit Felsplatte. Links ab und auf unbez. Karrenweg einen Rücken nach Südwesten hinab in eine Scharte. Jenseits über Felsstufen (Eisenklammern) 4 m steil empor zum Gipfel des **Schanzriedel,** 508 m.
Zurück zur »Anhöhe mit Felsplatte« und dort den bez. Fahrweg nach links (Nordwesten) zur Verzweigung **»Herzogentisch«**, ca. 540 m. Links die bez. Forststraße zu einem Sattel mit Teilung. Geradeaus weiter, dann nach links hinab in den **Öhlgraben** und dort südwärts zur Gföhler Straße. Auf ihr nach links zu den Häusern und zur Straßenverzweigung **Senftenbergeramt**, 305 m.
Die Straße nach Lichtenau 50 m nach rechts zu einem Kriegerdenkmal. Nach links über die Krems, dann auf bez. Forststraße südostwärts hinauf zu einer Schulter. Jenseits auf bez. Fußweg vorerst im Auwald, dann über Wiesen zur Kremsbrücke. Am rechten Ufer im dschungelartigen Gelände weiter zu einer Wiese und zur Reichau-Straße. Auf ihr nach links über die Krems zur Bundesstraße 37 und diese rechtshaltend nach **Botental**. Nun auf bekanntem Weg zurück nach **Senftenberg**.

13 Donauwarte, 450 m, und Reisperbachtal

Schaut rings umher, wohin der Blick sich wendet ...

Stein – Donauwarte (Braunsdorfer Berg) – Egelsee – Reisperbachtal – Stein

Talorte: Stein an der Donau, 199 m, malerische Stadt am Donau-Nordufer. Egelsee, 400 m, Dorf am Südrand des Waldviertelplateaus.
Ausgangspunkt: Der Rathausplatz in Stein.
Parkmöglichkeit: Mehrere Parkplätze im Stadtgebiet von Stein
Gehzeiten: Stein – Donauwarte ¾–1 Std., Donauwarte – Hubertushütte ½ Std., Hubertushütte – Reisperbachtal – Stein ½ Std.; Gesamtgehzeit 1¾–2 Std.
Anforderungen: Kurze, unschwierige Runde. Meist gut bez. Wege.
Höhenunterschiede: 250 m im An- und Abstieg.
Höchster Punkt: Die Donauwarte auf dem Braunsdorfer Berg, 450 m.
Einkehrmöglichkeiten: In Stein und Egelsee Gasthöfe und Heurigenbetriebe.

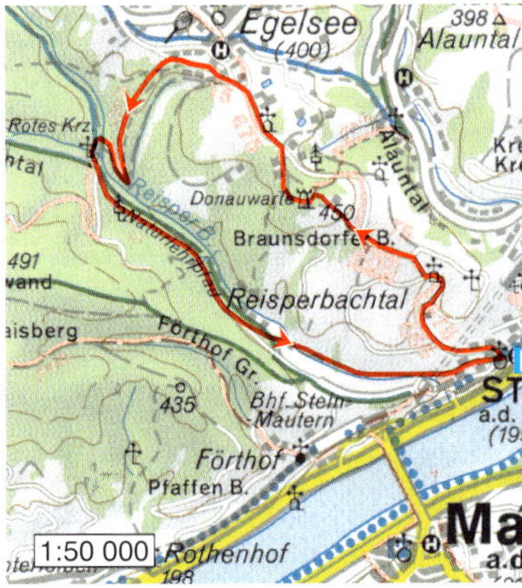

Unter den Zielen im Wandergebiet um Krems verdient die weit ins Land schauende Donauwarte auf dem Braunsdorfer Berg besondere Beachtung. Man erreicht sie rasch und einfach aus dem Steiner Stadtgebiet und wird oben mit einem freien Panoramablick auf Krems, Donautal, Göttweig und Wetterkreuz belohnt. Durchwandert wird bergwärts eine typische Wachauer Weinbaulandschaft mit tiefen Lößhohlwegen und geschickt angelegten Trokkensteinterrassen. Und im Abstieg durch das Reisperbachtal wartet ein Naturlehrpfad mit Fischteichen, Schauhütten und Kinderspielplätzen.
Vom **Rathausplatz in Stein**, die Steiner Landstraße traversierend, nach Norden zum Durchgang beim Haus Nr. 70. Eine Gasse (Weg Nr. 606 und 675), dann über Stiegen hinauf zur Hinteren Fahrstraße. Geradeaus weiter und durch das **Rebentor** (Aussetzung der gebräuchlichsten Wachauer Weinsorten) zur Kellergasse. Diese 30 m nach links, dann rechts die Ortsstraße »Steinspreng« nach Nordwesten aufwärts zum Güterweg »Stein-Danzern«. Auf ihm durch Weingärten, dann einen Graben hinauf zur Teilung beim **Bildstock St. Urban**. Rechtshaltend zur Abzweigung des »Pitschental-Braunsdorfer Güterweges« und danach zur Linksabzweigung eines Fußweges. Auf ihm steil hoch, dann durch Wald nach links empor zur aussichtsreichen Wiese am Gipfel des **Braunsdorfer Berges** mit der **Donauwarte** (450 m, Schlüssel im Motorradmuseum Egelsee).

Den rot bez. Fahrweg Nr. 06 und 606 durch Wald nach Nordwesten abwärts zu schmaler Asphaltstraße. Diese linkshaltend durch Wiesen und Weingärten zu einem Bildstock, danach in das Ortsgebiet von **Egelsee** (400 m) und dort zu einer Teilung. Links die Max-Thorwesten-Straße zu einem Sportplatz. Wieder links ab und auf gelb bez. Weg einen Waldrücken nach Süden hinunter zu einer Forststraße. Diese rechtshaltend in die Sohle des **Reisperbachtales** und dort, am **Roten Kreuz** vorbei, zur Verzweigung bei der **Hubertushütte** (Unterstand).
Auf Straße südostwärts nach 50 m zum grün bez. **Naturlehrpfad-Reisperbachtal**. Auf ihm neben dem Bach in Südostrichtung abwärts zu einigen Häusern. Nun auf Naturstraße durch das sich weitende Tal zum Beginn der Asphaltstraße. Auf ihr nach 50 m zur Linksabzweigung eines Fußweges, der durch die krautig verwachsene Grabensohle talaus und wieder zur Straße bringt. Auf ihr, das Gleis der Donauuferbahn traversierend, zurück in das Stadtgebiet von **Stein**.

Die Donauwarte am Braunsdorfer Berg.

14 Von Förthof nach Dürnstein

Einführungskurs für Wachau-Neulinge

Förthof – Pfaffenberg – Mentalgraben – Franzosendenkmal – Flikagraben – Kellerberg – Kuhberg – Dürnstein

Talorte: Stein an der Donau, 199 m, Stadt am Donau-Nordufer. Förthof, 199 m, Rotte westlich von Stein. Dürnstein, 209 m, Städtchen am linken Donauufer.

Ausgangspunkt: Bhf. Stein-Mautern in Förthof, 199 m.

Parkmöglichkeit: Kleiner Parkplatz vor dem Bhf. Stein-Mautern in Förthof.

Gehzeiten: Förthof – Mentalgraben 1¼ Std., Mentalgraben – Kellerberg ¾ Std., Kellerberg – Bhf. Dürnstein-Oberloiben ½ Std.; Gesamtgehzeit 2½ Std.

Anforderungen: Unschwierige Tour auf z.T. staubfreien Güterwegen. Kaum beschildert und nur sporadisch markiert!

Höhenunterschiede: 220 m im Anstieg, 210 m im Abstieg.

Höchster Punkt: Am Loibenberg, ca. 300 m.

Einkehrmöglichkeiten: In Dürnstein und Förthof Gasthöfe, sonst keine Einkehr!

Sehenswertes: Die Ausblicke unterwegs auf das Loibener Weinbaugebiet, auf Krems-Stein, Göttweig und Wetterkreuz.

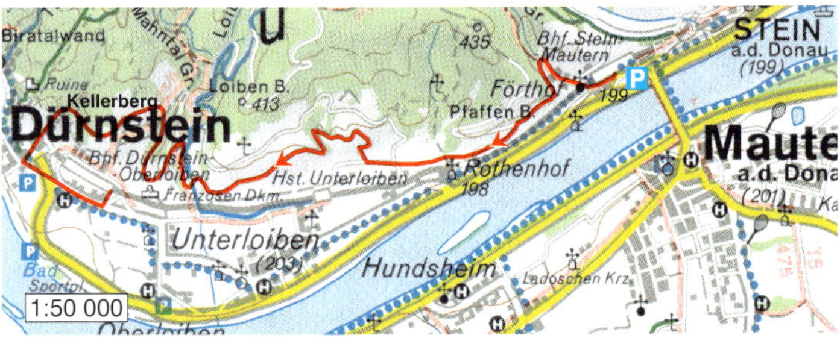

Eigentlich müßte diese Tour hier an erster Stelle stehen, denn sie erschließt wie kaum eine andere die Wachau und ihre besonderen Schönheiten. Voraussetzung für unsere Wanderung sind aufnahmebereite Sinne und etwas Orientierungssinn, denn die an sich komfortablen Weingartenwege sind kaum beschildert und nur sporadisch markiert!

Vom **Bhf. Stein-Mautern** südwestwärts zum **Förthof** und dort über das Gleis der Donauuferbahn. Jenseits auf staubfreier Straße (»Pfaffenbergweg«) den **Förthofgraben** hinauf zu einer Linkskehre, danach in Südrichtung zur Schulter des **Pfaffenberges**. Dort um eine Ecke herum, dann auf Fahrweg durch Weingärten nach Südwesten abwärts und nach rechts in einen Graben. Aus ihm bald nach links heraus und in Westrichtung zu einer Verzweigung im Loibener Weinbaugebiet. Den Güterweg in Kehren nach rechts (Norden) hoch, danach in schöner Höhenwanderung an den Abhängen des **Loiben-**

Der in Weingärten eingebettete Ort Unterloiben.

berges durch Weingärten nach Westen, zuletzt hinab zu einer Asphaltstraße im Auslauf des **Mentalgrabens**.
Den Graben 300 m nach rechts aufwärts, dann links ab und auf Güterweg im Bogen um das **Höhereck** herum zum **Franzosendenkmal**. Oberhalb von ihm vorbei, dann durch Gesträuch nach Norden hinauf in den **Flikagraben.** Durch ihn auf Asphaltstraße links hinab zum Haus des Wasserhochbehälters. Rechts ab und einen Fahrweg durch Weingärten westwärts zur Anhöhe des **Kellerberges**, dann auf Fußweg durch Gesträuch in einen Graben mit Querweg. Diesen nach links abwärts, später rechts hinauf zum Rücken des **Kuhberges** mit Felsgebilden. Jenseits in den **Wunderburggraben** (Aufblick zum Dürnsteiner Klettergarten!) und dort eine steile Gasse, an Häusern vorbei, hinab zum **Steiner Tor** an der Hauptstraße im Stadtgebiet von **Dürnstein,** 209 m. Nach links zur Umfahrungsstraße (Unterführung) und jenseits zum **Bhf. Dürnstein-Oberloiben**, ca. 205 m.
Rückfahrt mit der Donauuferbahn (Züge zwischen 8.42 und 20.42 Uhr mehrmals täglich) nach **Förthof**.

15 Über den Schloßberg, 564 m, nach Dürnstein

Die »Gehschule« der Kremser

Förthof – Hengelwand – Schloßberg (Fesslhütte) – Ruine Dürnstein – Dürnstein

Talorte, Ausgangspunkt, Parkmöglichkeit: Siehe Tour 14!
Gehzeiten: Förthof – Hengelwand 1½ Std., Hengelwand – Schloßberg ½ Std., Schloßberg – Dürnstein ¾ Std.; gesamt 2¾ Std.
Anforderungen: Problemlose Wanderung auf bez. Wegen und Forststraßen.
Höhenunterschiede: 360 m im Anstieg, 350 m im Abstieg.
Höchster Punkt: Schloßberg, 564 m.
Einkehrmöglichkeiten: Waldschänke Fesslhütte (keine Nächtigung, vom 1. April bis 31. Okt. täglich geöffnet). Gasthöfe in Förthof und Dürnstein.
Hinweis: Trittsichere können von der Fesslhütte ebenso schön, aber um eine ¼ Std. länger über den Vogelberg nach Dürnstein gelangen (Tour 17 umgekehrt).

Der Dürnsteiner Schloßberg ist mit der Fesslhütte ein vielbesuchtes Ausflugsziel hoch über dem Donautal, am Südrand des Waldviertels. Von Stein-Förthof erreicht man ihn auf guten Wegen über die »Hengelwand«. Für den Abstieg wählen wir den landschaftlich eindrucksvollen »Schloßbergweg« nach Dürnstein, der nicht nur faszinierende Tiefblicke zur Donau vermittelt, sondern auch an der Ruine und am Dürnsteiner Klettergarten, dem vielleicht schönsten außeralpinen Klettergebiet Österreichs, vorbeiführt.
Vom **Bhf. Stein-Mautern** südwestwärts zum **Förthof** und dort über das Gleis der Donauuferbahn. Jenseits auf staubfreier Straße (»Pfaffenbergweg«) den **Förthofgraben** hinauf zu einer Teilung. Rechts auf Asphaltstraße durch Weingärten nach Nordosten aufwärts zu einem aussichtsreichen Bergrücken und bei Verzweigung links, nordwestwärts, hoch zum Ende der Straße am

Dürnstein mit barocker Pfarrkirche, darüber die Reste der alten Kuenringerburg.

Waldrand. Dort auf grün bez. Karrenweg am schmäler werdenden Rücken durch herrliche Eichen- und Robinienwälder in Westrichtung aufwärts zu querender Forststraße und auf ihr rechts zum Sattel der **Hengelwand**, 491 m.
Die bez. Waldstraße am flachen Höhenrücken nach links (Westen), später abwärts zum Sattel nördlich des Schloßberges mit der **Fesslhütte**, 550 m. Auf bez. Fußweg nach Süden hoch zur der am Gipfel des **Schloßberges** stehenden **Starhembergwarte** (564 m; Schlüssel in der Fesslhütte).
Zurück zur Fesslhütte. Dort links den grün bez. **»Schloßbergweg«** an der Westseite des Berges durch Wald abwärts, dann unterhalb des Dürnsteiner Grates (**»Dürnsteiner Klettergarten«**) hinunter, schließlich um den Ruinenhügel herum zur Wegteilung im Süden der **Ruine Dürnstein**, ca. 360 m. Entweder links den **Äußeren Burgweg** (Tour 16) oder rechts den **Inneren Burgweg**, an Felsbildungen vorbei, über Stiegen in Kehren nach Süden hinab zur Hauptstraße im Stadtzentrum von **Dürnstein**, 209 m. Auf ihr links durch das **Steiner Tor** zur Umfahrungsstraße (Unterführung) und jenseits zum **Bhf. Dürnstein-Oberloiben**, ca. 205 m. **Rückfahrt** mit der Donauuferbahn (Züge zwischen 8.42 und 20.42 Uhr mehrmals täglich) nach **Förthof**.

16 Ruine Dürnstein, ca. 360 m

Alte Kuenringer-Feste als Blickfang und Luginsland

Bhf. Dürnstein-Oberloiben – Innerer Burgweg – Ruine Dürnstein – Äußerer Burgweg – Wunderburggraben – Steiner Tor – Bhf. Dürnstein

Talort: Dürnstein, 209 m, malerisches Städtchen am linken Donauufer.
Ausgangspunkt: Der Bhf. Dürnstein-Oberloiben (ca. 205 m) östlich von Dürnstein und der Umfahrungsstraße.

Parkmöglichkeit: Teilweise kostenpflichtige Parkplätze im Umkreis des Bahnhofs und vor dem östlichen Tunneleingang der Umfahrungsstraße.
Gehzeiten: Bhf. Dürnstein – Innerer Burgweg – Ruine Dürnstein ¾ Std., Ruine Dürnstein – Äußerer Burgweg – Bhf. Dürnstein ½ Std.; Gesamtgehzeit 1¼ Std.
Anforderungen: Einfache Rundtour auf Stiegen- und breitem Promenadenweg.
Höhenunterschiede: 150 m im An- und Abstieg.
Höchster Punkt: Ruine Dürnstein, ca. 360 m.
Einkehrmöglichkeiten: Gasthöfe, Restaurants und Heurigenlokale in Dürnstein.
Hinweis: Besuch des »Dürnsteiner Klettergartens« (eindrucksvolle Felslandschaft; Kletterversuche nur mit Sicherungsseil!) am »Dürnsteiner Grat« nördlich der Ruine.

Nur selten vereinen sich Natur und kulturelles Erbe zu solch vollendeter Harmonie wie in den südlich anmutenden Gefilden der Wachau. Orte wie Dürnstein, Melk oder Göttweig sind Höhepunkte abendländischer Kultur, zu jeder Jahreszeit interessant und begehrt. Wer nach barocker Pracht, nach einem gepflegten Dinner, nach einem Heurigenbesuch Lust nach körperlicher Betätigung verspürt, der steige hinauf zur Ruine Dürnstein, einer alten Kuenringer-Feste aus dem 12. Jahrhundert. Zwei Wege bieten sich an, der direkte Stiegenweg aus dem Stadtzentrum und der bequemere durch den Wunderburggraben, vorbei am Türmelabyrinth des »Dürnsteiner Klettergartens«. Sensationell ist die Lage der Ruine auf einer Schulter am Abhang des Schloßberges, ein »Götterthron« über dem Donautal, ein Luginsland für jene, die nicht müde werden zu schauen und zu bewundern.
Vom **Bhf. Dürnstein-Oberloiben** nordwestwärts zur Umfahrungsstraße (Unterführung), danach die alte Ortseinfahrt in das Stadtgebiet von **Dürnstein**, 209 m. Gleich nach dem **Steiner Tor** eine Gasse rechts (Norden) hinauf zum Beginn des grün bez. **Inneren Burgweges**. Auf ihm durch Robinienbestände nach links (Westen) aufwärts, später auf Stiegenweg, an Felsgebilden vorbei, steil nach Nordosten empor zur Rechtseinmündung des **Äußeren Burgwe-**

Tiefblick von der Ruine Dürnstein auf Stadt und Donau.

ges. Noch 30 m weiter zu einer Verzweigung unterhalb der Ruine. Rechts den Stiegenweg hinauf zu den Mauerresten und durch sie zum höchsten Punkt der **Ruine Dürnstein**, ca. 360 m.
Zurück zur Einmündung des **Äußeren Burgweges**. Auf ihm nach links (Osten) durch ein Tor in der Burgmauer, danach auf breitem Weg, an Felsformationen vorbei, in Kehren abwärts und nach links in den **Wunderburggraben**, überragt von den bizarren Felsgebilden des **Dürnsteiner Klettergartens**. Durch den Graben auf bald gepflastertem Weg abwärts, dann durch eine steile Gasse, an Häusern vorbei, hinunter zum **Steiner Tor** an der Hauptstraße im Stadtgebiet von **Dürnstein**. Dort linkshaltend zurück zum **Bhf. Dürnstein-Oberloiben**.

17 Vogelberg-Schloßberg-Runde

Wanderhit über Dürnstein

Bhf. Dürnstein-Oberloiben – Vogelberg – Schloßberg (Fesslhütte) – Ruine Dürnstein – Innerer Burgweg – Bhf. Dürnstein

Talort, Ausgangspunkt, Parkmöglichkeit: Siehe Tour 16!
Gehzeiten: Anstieg Bhf. Dürnstein – Vogelberg – Schloßberg 1½ Std., Abstieg Schloßberg – Bhf. Dürnstein 1 Std.; Gesamtgehzeit 2½ Std.
Anforderungen: Am Vogelbergsteig sind Trittsicherheit und Schwindelfreiheit nötig, sonst unschwieriges Unternehmen auf gut bez. Wegen und Steigen.
Höhenunterschiede: 370 m im An- und Abstieg.
Höchster Punkt: Schloßberg, 564 m.
Einkehrmöglichkeiten: Fesslhütte (keine Nächtigung, vom 1. April bis 30. Okt. täglich geöffnet). In Dürnstein Gasthöfe, Restaurants und Heurigenlokale.
Sehenswertes: Die wunderbaren Tiefblicke vom Vogelbergsteig und vom Schloßbergweg in das Donautal mit seinen Dörfern und Weinbaugebieten.

Die hier gewürdigte Runde ist fraglos ein »Gustostückerl« unter den Wachauer Wanderwegen. Sie führt durch die von wilden Felstürmen gespickten Flanken des Vogel- und des Schloßberges und wird begleitet von atemberaubenden Tiefblicken in das lichtdurchflutete Donautal, auf schmucke Heurigenorte und frequentierte Verkehrsadern. Mit offenen Augen begangen, vermag der Rundweg auch hochgestellte Erwartungen zu erfüllen, denn an Abwechslungsreichtum und landschaftlicher Schönheit wird all das geboten, was man anderswo nur »schubweise« serviert bekommt.
Vom **Bhf. Dürnstein-Oberloiben** nordwestwärts zur Umfahrungsstraße (Unterführung), danach die alte Ortseinfahrt in das Stadtzentrum von **Dürnstein**, 209 m. Jenseits die Nordausfahrt (»Hauptstraße«) zur Mündung des **Talgrabens** unterhalb der steilen Wächterwand-Kante. Auf Straße den Graben nach Nordosten aufwärts und über das Gleis der Donauuferbahn, dann auf breitem Weg in einen düsteren Winkel mit Verzweigung. Links den rot bez. **Vogelbergsteig** durch Laubwald und Gesträuch in vielen Kehren nach Norden hoch (Linksabzweigung mehrerer Steige zur Gratkante der **»Wächterwand«** mit atemberaubenden Tiefblicken in das Donautal und zur Donau-

uferstraße!), dann am Abhang des Vogelberg-Südwestkammes weniger steil aufwärts zu einer Wand, die auf schönem Band (Drahtseil) gequert wird. Danach auf Steig (Eisenkette) in Kehren hinauf zu einem Sattel. Am felsdurchsetzten Ostabhang des Vogelbergrückens über dem Talgraben im Wald nach Nordosten empor zur Kammhöhe (links auf violett bez. Steig in fünf Minuten hinab zur Aussichtsplattform »**Kanzel**« mit prächtigem Donautalblick) und weiter zum Gipfel des **Vogelberges** (546 m) mit Felsformationen nach rechts gegen den Talgraben.
An der folgenden Verzweigung rechts ab und auf rot und grün bez. Waldweg in Südostrichtung sanft abwärts zur **Fesslhütte**, 550 m, am Sattel vor dem **Schloßberg**. Gegen ihn auf bez. Fußweg in Südrichtung hoch zur der am Gipfel stehenden **Starhembergwarte** (564 m; Schlüssel in der Fesslhütte). Zurück zur **Fesslhütte** und weiter wie bei Tour 15 auf dem **Schloßbergweg** hinab zum **Bhf. Dürnstein**.

Unterwegs am Vogelbergsteig zur Fesslhütte.

18 Wachauer Höhenweg

Einen Tag unterwegs von Dürnstein nach Weißenkirchen

Bhf. Dürnstein-Oberloiben – Schloßberg (Fesslhütte) – Pfaffental – Heudürrgraben – Tiefental – Achleitensattel – Cholerakreuz – Weißenkirchen

Weißenkirchen ist Endstation des Wachauer Höhenweges.

Talorte: Dürnstein, 209 m, malerisches Städtchen am nördlichen Donauufer. Weißenkirchen, 224 m, großer Weinort im Zentrum der Wachau.
Ausgangspunkt, Parkmöglichkeit: Siehe Tour 16!
Gehzeiten: Bhf. Dürnstein – Schloßberg 1½ Std., Schloßberg – Heudürrgraben 2–2¼ Std., Heudürrgraben – Tiefental ¾ Std., Tiefental – Cholerakreuz ¾–1 Std., Cholerakreuz – Weißenkirchen ½ Std.; Gesamtgehzeit 5½–6 Std.
Anforderungen: Lange Wanderung auf meist bez. Wegen und Forststraßen.
Höhenunterschiede: 540 m im An- und Abstieg.
Höchster Punkt: Schloßberg, 564 m.
Einkehrmöglichkeiten: Fesslhütte (keine Nächtigung, 1. April bis 30. Okt. geöffnet). Gasthöfe und Heurigenlokale in Dürnstein und Weißenkirchen.
Hinweis: Statt über das Cholerakreuz kommt man in derselben Zeit auch über die Schildhütten nach Weißenkirchen (vgl. Tour 20).

Wem Spitzenweine, Nobelgaststätten, Wachauer Laberl und Goldhaubenlook nicht genügen, wer Landschaft und Natur dieses unvergleichlichen Stromlandes mehr schätzt als allen Tourismusspektakel, der tauscht Auto mit Wanderschuh und setzt sich von Dürnstein in Richtung Weißenkirchen in Bewegung. Das geht allerdings nicht ohne den etwas mühsamen Anstieg auf den Schloßberg, dem ein endlos langer Forststraßentrip quer durch die

Sandl-Flanken folgt. Trotz Straße bietet das Unternehmen eine der herrlichsten Höhenpromenaden der Wachau.
Vom **Bhf. Dürnstein-Oberloiben** wie bei Tour 16 zur »Verzweigung unterhalb der Ruine«. Links den grün bez. **Schloßbergweg** in der bewaldeten Westseite des türmegespickten Dürnsteiner Grates (mit dem **»Dürnsteiner Klettergarten«**) und des Schloßberges nach Nordosten hinauf zur **Fesslhütte**, 550 m, am Sattel hinter dem **Schloßberg**. Auf bez. Fußweg scharf nach rechts (Süden) hoch zur der am Gipfel stehenden **Starhembergwarte** (564 m; Schlüssel in der Fesslhütte).
Zurück zur **Fesslhütte**. Auf grün bez. Waldweg nach Nordwesten aufwärts und eben zu einem rot bez. Querweg (links zum nahen Vogelberg, 546 m). Diesen 150 m nach rechts, dann auf grün bez. Fahrweg links hinunter zur Linksabzweigung eines blau bez. Steiges. Auf ihm hinab in das **Pfaffental** mit querender Forststraße.
Die rot bez. Straße, mehrere Gräben ausgehend, an den Waldhängen entlang nach rechts (Nordwesten) in den **Heudürrgraben**. Westwärts quer durch die Südflanken des Sandl zu einer Teilung und dort linkshaltend (!) in den Hintergrund des **Tiefentales**. Nun südwärts zur Linksabzweigung des gelb bez. Fahrweges hinab zu den Schildhütten, danach im Rechtsbogen um den Achleitenberg herum zum **Achleitensattel** (ca. 490 m, Verzweigung). Links auf rot bez. Fußweg hinab in den **Simbachgraben**, dort links hinunter zum **Cholerakreuz,** 270 m, an der Straße Weißenkirchen – Weinzierl und diese linkshaltend nach **Weißenkirchen**, 224 m. **Rückfahrt** mit der Donauuferbahn (Züge zwischen 8.35 und 20.35 Uhr mehrmals täglich) nach **Dürnstein**.

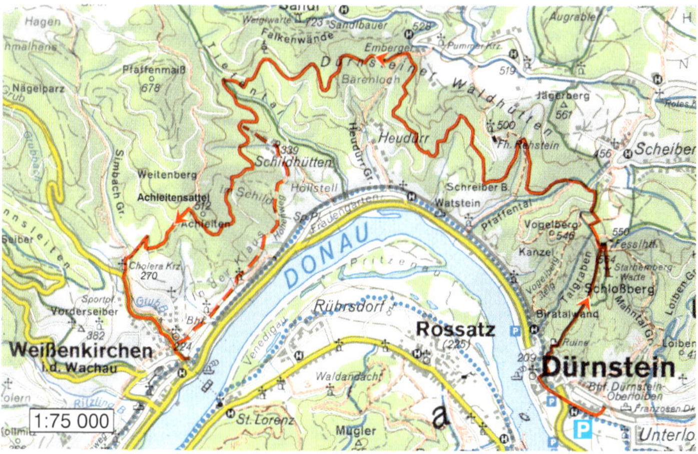

19 Sandl, 723 m

Aussichtspunkt über Wachau und Waldviertel

Bushalt Dürnstein-Heudürr – Heudürrgraben – Hof Emberger – Sandlbauer – Sandl – Tiefental – Bushalt

Talorte: Dürnstein, 209 m, malerisches Städtchen am nördlichen Donauufer. Weißenkirchen, 224 m, großer Weinort im Zentrum der Wachau.
Ausgangspunkt, Parkmöglichkeit: Bushalt Dürnstein-Heudürr (202 m) an der Mündung des Heudürrgrabens in das Donautal. Parken an der alten Wachaustraße, 3 km von Dürnstein bzw. Weißenkirchen.
Gehzeiten: Bushalt Dürnstein-Heudürr – Emberger 1–1¼ Std., Emberger – Sandl ¾ Std., Abstieg Sandl – Bushalt 1¾ Std.; Gesamtgehzeit 3½– 3 ¾ Std.
Anforderungen: Leichte, aber etwas anstrengende Wanderung auf bez. Wegen und Straßen.
Höhenunterschiede: 520 m im An- und Abstieg.
Höchster Punkt: Sandl, 723 m.
Einkehrmöglichkeiten: Keine.
Variante: Vom Sandlbauer lohnender Besuch der Falkenwände am Südabhang des Sandlmassivs. Die höchste Erhebung (667 m) kann von Geübten auf teilweise gesicherter Steiganlage (Eisenklammern) bestiegen werden. Klettererfahrung und Schwindelfreiheit nötig. Für Ungeübte Seilsicherung! Gesamter Zeitaufwand 1 Std.

Der Sandl gehört zu den besten Panoramapunkten über Wachau und Waldviertel, was die am Gipfel stehende Weiglwarte des ÖTK auch bestätigt. Daß man sie vom Sandlbauer (mit Autozufahrt!) rasch erreichen kann, ist kein Argument gegen den einigermaßen schweißtreibenden Zugang aus dem

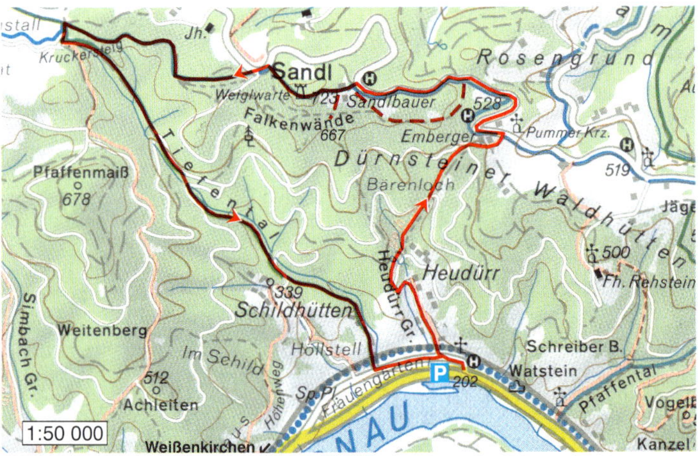

Tiefblick von den Falkenwänden auf Dürnstein, Rossatz und Donaustrom.

Donautal. Mit Abstieg durch das Tiefental ist das eine Tour, die sich in diesem Mittelgebirge sehen lassen kann!

Von der **Bushaltestelle Dürnstein-Heudürr** die alte Wachaustraße 70 m nach Westen zu einer Teilung. Rechts die gelb bez. Asphaltstraße über das Gleis der Donauuferbahn nach Nordwesten hinauf in den **Heudürrgraben** und diesen hoch zu einem Haus. Auf Forststraße weiter zu einer Quellfassung, danach auf bez. Fußweg im Waldgraben empor zu großer Wiese und zur Straße des »**Wachauer Höhenweges**« (Tour 18). Auf ihr 50 m nach links, dann rechts hinauf zum **Waldviertelplateau.** Über eine Wiese zum **Hof Emberger**, 528 m, danach zu einer Asphaltstraße. Auf ihr oder den blau bez. Weg links davon nach Westen aufwärts in eine Wiesenmulde und dort links ab zum **Sandlbauer**, ca. 660 m. Über eine Wiese, dann durch Wald zur **Weiglwarte** am Gipfel des **Sandl** (723 m, Schlüssel beim Sandlbauer!).

Auf blau bez. Weg den bewaldeten **Westrücken** abwärts in eine Wiesenmulde mit der Straße Egelsee – Weinzierl. Diese 30 m nach links, dann auf Fahrweg links ab und in langer Querung bewaldeter Hänge westwärts zu einem Sattel am Plateaurand. Dort auf grün bez. Weg scharf nach links hinab in das **Tiefental**. Den Waldgraben nach Südosten hinunter und zur Straße des »**Wachauer Höhenweges**«. Auf ihr kurz nach rechts, dann links ab und auf bez. Fahrweg an der rechten Seite des Tiefentales bergab, zuletzt durch Weingärten zur alten Wachaustraße und diese nach links zum Ausgangspunkt.

20 Um Weißenkirchen

Verliebt in die Wachauer Kultur- und Weinlandschaft

Weißenkirchen – Ried Achleiten-Klaus – Schildhütten – Achleitensattel – Cholerakreuz – Vorderseiber – Weißenkirchen

Talort: Weißenkirchen, 224 m, großer Weinort am linken Donauufer.
Ausgangspunkt: Der Platz vor dem Teisenhoferhof im Zentrum von Weißenkirchen.
Parkmöglichkeit: Parkplätze im Ortsgebiet von Weißenkirchen.
Gehzeiten: Weißenkirchen – Schildhütten 1 Std., Schildhütten – Cholerakreuz ¾–1 Std., Cholerakreuz – Weißenkirchen 1 Std.; Gesamtgehzeit 2¾–3 Std.
Anforderungen: Unschwierige Wanderung auf z.T. schlecht bez. Wegen und Straßen.
Höhenunterschiede: 470 m im An- und Abstieg.
Höchster Punkt: Achleitensattel, ca. 490 m.
Einkehrmöglichkeiten: Heuriger Pomassl in Schildhütten (vom 1. bis 31. Mai und vom 20. August bis 30. Sept. tägl. ab 10.00 Uhr geöffnet, ✆ 02711/286). Gasthöfe, Restaurants und Heurigenlokale in Weißenkirchen.
Hinweis: Lohnend ist ein Besuch der Kügerlwand nördlich über Weißenkirchen. Aus dem Ortszentrum die Weinzierler Straße 100 m aufwärts, dann rechts ab und auf Güterwegen in einen Graben. Rechts hinauf an eine Bergkante und auf Steig durch Weingärten steil empor zur Kügerlwand (ca. 280 m), ½ Std. vom Zentrum.

Hingerissen vom Reiz des Wachauer Landes, verliebt in sein südliches Flair, dürstet es dem Besucher nach näherem Kontakt mit Natur und Bevölkerung. Der malerische Winzerort Weißenkirchen hat eine Palette lohnender Ausflüge anzubieten. Auf der hier gewürdigten Runde wandert man durch prachtvolle Robinien- und Eichenwälder, hat Gelegenheit, die vor Generationen in mühevoller Arbeit kunstvoll errichteten Terrassen zu studieren, an denen in Obhut kundiger Hände einige der besten Weine Europas reifen.

Von **Weißenkirchen** die alte Wachaustraße nordostwärts aus dem Ort zur Linksabzweigung des »**Weinweges Achleiten**« noch vor der Donauuferbahn. Die orange bez. Güterstraße (eindrucksvoller Rückblick auf Donaustrom und Weißenkirchen!) durch einen Lößhohlweg nach Nordosten aufwärts zur **Ried Achleiten-Klaus** und weiter zu einer Bergkante. Nun auf Fußweg durch Wald und Weingärten nach Norden hinauf zu einer Schulter. Um sie nach links herum in den **Schildbachgraben** und dort zum Weiler **Schildhütten**, 339 m.

Blick von der Ried Achleiten-Klaus auf Weißenkirchen und Donautal.

Auf gelb bez. Karrenweg den Schildbachgraben im Wald aufwärts zu einem Fahrweg und diesen links empor zur Forststraße des »**Wachauer Höhenweges**«. Auf ihr nach links, dann im Rechtsbogen um den Achleitenberg herum zum **Achleitensattel** (ca. 490 m, Verzweigung). Links auf rot bez. Fußweg hinab in den **Simbachgraben** und abwärts zum **Cholerakreuz,** 270 m, an der Straße Weißenkirchen – Weinzierl. Auf ihr den **Grubbachgraben** 500 m bergauf zur Linksabzweigung des blau bez. Altmannsleiten-Forstweges. Diesen hinauf zu einer Anhöhe (nach rechts zum Seiber), danach durch Weingärten nach Süden hinab zur Schulter des **Vorderseiber** (382 m, Bildstock). Den Fahrweg eben nach rechts bis fast zur Seiberstraße. Links oberhalb von ihr einen bez. Hohlweg ostwärts hinab zur Straße und auf ihr zu einer Rechtskehre. Dort links in das Zentrum von **Weißenkirchen**.

21 Von Weißenkirchen auf die Buschandlwand, 741 m

Eine Frühjahrstour für Genießer und Landschaftsliebhaber

Weißenkirchen – Wösendorf – Buschandlwand – Seiber – Seiberkamm Vorderseiber – Weißenkirchen

Talort, Ausgangspunkt, Parkmöglichkeit: Siehe Tour 20!
Gehzeiten: Weißenkirchen – Wösendorf ¾ Std., Wösendorf – Buschandlwand 1½–1¾ Std., Buschandlwand – Seiber ¾ Std., Seiber – Weißenkirchen 1 Std.; Gesamtgehzeit 4–4 ¼ Std.
Anforderungen: Lange, aber unschwierige Wanderung auf meist gut bez. Wegen.
Höhenunterschiede: 540 m im An- und Abstieg.
Höchster Punkt: Buschandlwand, 741 m.
Einkehrmöglichkeiten: Schutzhaus »Am Seiber« (geschlossen!). Gasthöfe, Restaurants und Heurigenlokale in Weißenkirchen, Joching und Wösendorf.
Sehenswertes: Die Rundsicht von der Buschandlwand.

Der »Walkürenfels« Buschandlwand kann sowohl von Spitz (Tour 22) als auch von Weißenkirchen besucht werden. Der Weißenkirchner Weg ergibt mit Rückkehr über den »Seiber« (bekannt durch ein Oldtimer-Rennen am letzten Sonntag im April) eine attraktive Runde für Genießer und Landschaftsliebhaber. Die Wanderung unternimmt man vorteilhaft im farbenprächtigen Spätherbst, besser noch im Frühling zur Zeit der Marillenblüte. Sie setzt den alljährlichen Startschuß zur Wiedererneuerung, der man sich in dieser von Natur und Klima so bevorzugten Region in besonderer Weise bewußt wird.

Der Sebastian-Bildstock am Ortsrand von Wösendorf.

Vom **Weißenkirchen-Ortszentrum** südwestwärts zur neuen **Seiberstraße**. Links ab und auf breitem Weg (Weinweg Nr. 9) unterhalb der Straße eben weiter. Nach Traversierung der Straße gelangt man durch Weingärten zum **Sebastian-Bildstock** am Ortsrand von **Wösendorf**. Dort die querende Asphaltstraße durch einen Graben, an Kellern vorbei, nach rechts aufwärts zum letzten Haus. Links ab und auf blau bez. Straße nordwestwärts hoch, später

nach links (Süden) empor zur Bergschulter **Mittereck** mit Verzweigung. Rechts den bez. Fahrweg im Wald nach Nordwesten hinauf zu einer Anhöhe mit Teilung. Links auf gelb bez. Fußweg nach Westen empor zum pultförmigen Felsgipfel der **Buschandlwand**, 741 m, mit Kreuz und »Gruber-Warte« (Aussichtsplattform).

Zurück zur »Anhöhe mit Teilung«. Dort den gelb und blau bez. Fahrweg im Wald nach links (Norden) zur **»Kühberg-Forststraße«**. Diese nordwärts zur **Seiberstraße** am **Waldviertelplateau** und auf ihr 500 m nach rechts (Osten) zur Linksabzweigung eines bez. Fahrweges. Diesen durch Wald und Wiesen zur Straße Weißenkirchen – Weinzierl und jenseits zum **Schutzhaus »Am Seiber«** (ca. 650 m; geschlossen!).

Auf blau bez. Weg über den langgestreckten **Seiberkamm** durch Wald nach Südosten hinab zur Taberkehre der Seiberstraße. Geradeaus am Waldrand weiter abwärts zu querendem Güterweg und diesen durch Weingärten nach rechts zu einem Fahrweg. Auf ihm linkshaltend, südwärts, hinab zu einer Teilung und nochmals links zur Schulter des **Vorderseiber** (382 m, Bildstock). Den Fahrweg eben nach rechts bis fast zur Seiberstraße. Links oberhalb von ihr einen bez. Hohlweg ostwärts hinab zur Straße und auf ihr zu einer Rechtskehre. Dort links in das Zentrum von **Weißenkirchen**.

22 Von Spitz auf die Buschandlwand, 741 m

Zu einer Aussichtskanzel hoch über der »blauen Donau«

Spitz – Mieslingtal – Buschandlwand – Mosinggraben – Rotes Tor – Spitz

Talort: Spitz, 223 m. Markt und Winzerort links der Donau, im Zentrum der Wachau.

Ausgangspunkt: Der Bahnhof, ca. 210 m, im unteren Ortsbereich von Spitz.

Parkmöglichkeit: Parkplatz vor dem Bahnhof in Spitz.

Gehzeiten: Anstieg Spitz – Buschandlwand 1¾–2 Std., Abstieg Buschandlwand – Spitz 1½–1¾ Std.; Gesamtgehzeit 3¼– 3¾ Std.

Anforderungen: Einfache, mittellange Wanderung. Auf den oft feuchten Felsstufen im Mosinggraben ist Trittsicherheit nötig.

Höhenunterschiede: 550 m im An- und Abstieg.

Höchster Punkt: Buschandlwand, 741 m.

Einkehrmöglichkeiten: In Spitz Gasthöfe, Restaurants und Heurigenlokale. Unterwegs keine Einkehr!

Sehenswertes: Der Donautalblick von der Buschandlwand. Der romantische Mosinggraben. Die wunderbare Schau vom Roten Tor auf Spitz.

Ohne Zweifel gehört die Buschandlwand zu den »Pflichtzielen« im Tourengebiet von Spitz. Der Aufstieg über die steilen Flanken des Atzberges (mit wunderschönen Tiefblicken in das Donautal!) und der Rückweg durch den romantischen, erdig-feuchten Mosinggraben lassen das Herz des Wanderers im wahrsten Sinne des Wortes höher schlagen. Durch diesen Waldgraben führte im Mittelalter ein Handelsweg aus dem Waldviertel zur Donau. Auf seinen verwachsenen Resten gelangen wir über das oft geknipste Rote Tor wieder zurück nach Spitz.

Vom **Bhf. Spitz** nordwärts durch den Ortsteil **Teichbach** zur Kremserstraße und auf ihr rechtshaltend zur Linksabzweigung in das enge **Mieslingtal**. Dieses auf Asphaltstraße nach Norden aufwärts zur Ortsendetafel, danach zur Rechtsabzweigung einer Forststraße. Auf ihr ostwärts einen steilen Hang in Kehren hoch zu einer Teilung, danach zur Linksabzweigung des Weges

auf die Buschandlwand. Auf ihm bergauf zu einem Sattel westlich des Atzberges. Nun auf Karrenweg durch die bewaldete Westflanke des Atzberg-Buschwandlwand-Kammes nach Norden aufwärts zu einer Schulter und dort (schlecht bez.) scharf nach rechts empor zur Kammhöhe. Am breiten Waldrücken nordwärts hinauf zum pultförmigen Felsenriff der **Buschandlwand**, 741m, mit Kreuz und »Gruber-Warte« (Aussichtsplattform).
Vom Gipfelfelsen nach Osten hinab zu blau und gelb bez. Fahrweg. Diesen eben nach links (Norden) zu einer Weggabelung. Links auf gelb bez. Weg, am **Hof Heiglbauer** vorbei, in weiten Kehren gegen den **Mosinggraben** hinunter. Dort noch oberhalb der Grabensohle auf Karrenweg nach Süden abwärts zu einer Forststraße. Auf ihr geradeaus im **Mieslingtal** weiter zu einer Holzbrücke kurz vor der Ortstafel von Spitz. Rechts ab und auf rot bez. Fahrweg an den Waldhängen der rechten Talseite nach Süden aufwärts zum **Roten Tor** (ca. 285 m; Blick auf Spitz, Tausendeimerberg und Donautal). Jenseits die von Heurigenschenken gesäumte Rote-Tor-Gasse hinab zum **Kirchplatz** in **Spitz**. Vorerst durch die Markt-, dann durch die Kremserstraße in den Ortsteil **Teichbach** und zurück zum **Bahnhof**.

Gipfelrast auf der Buschandlwand.

23 St. Michaeler Höhenweg

Eine Panoramawanderung vom Feinsten

Bhf. Spitz – Rotes Tor – Mieslingtal – altes Kupferbergwerk – Aussichtskanzel – St. Michael – Bhf. Spitz

Talorte: Spitz, 223 m. Markt und Winzerort links der Donau, im Zentrum der Wachau. St. Michael, 211 m, nordöstlich von Spitz gelegener kleiner Ort.
Ausgangspunkt: Der Bahnhof, ca. 210 m, im unteren Ortsbereich von Spitz.
Parkmöglichkeit: Parkplatz vor dem Bahnhof in Spitz.
Gehzeiten: Bhf. Spitz – St. Michaeler Höhenweg – St. Michael 1½–1¾ Std., St. Michael – Treppelweg – Bhf. Spitz ½ Std.; Gesamtgehzeit 2–2¼ Std.
Anforderungen: Leichte, bequeme Wanderung auf bez. Wegen und Forststraßen.
Höhenunterschiede: 250 m im An- und Abstieg.
Höchster Punkt: Am St. Michaeler Höhenweg, ca. 420 m.
Einkehrmöglichkeiten: In Spitz Gasthöfe, Restaurants und Heurigenbetriebe. In St. Michael Heurigenlokal(e).
Sehenswertes: Die wunderbare Schau vom Roten Tor auf Spitz, Tausendeimerberg und Donautal. Von der »Aussichtskanzel« eindrucksvoller Tiefblick zur Donau.

Was nicht allgemein bekannt sein dürfte: Nicht nur Radler, Auto- und Bahnfahrer können die nördliche Wachauseite bereisen, auch Wanderer haben die Möglichkeit, die Strecke auf langer Panoramaroute zu begehen. Zu den schönsten Abschnitten des Unternehmens gehört der hier beschriebene Höhenweg zwischen Spitz und St. Michael. Neben dem berühmten »Roten Tor« gibt es unterwegs charakteristische Weingarten-Terrassen (»Trockenmauersteinterrassen«), ein aufgelassenes Kupferbergwerk, aber auch grünschillernde Smaragdeidechsen zu bewundern. Und man darf, auf Felskanzeln über den Donauwellen rastend, Beine und Seele genüßlich baumeln lassen.

Vom **Bhf. Spitz** nordwärts durch den Ortsteil **Teichbach** zur Kremserstraße. Diese nach links zur Marktstraße und auf ihr empor zum **Kirchplatz**. Nordwärts durch die Rote-Tor-Gasse hinauf zur Schulter beim **Roten Tor** (ca. 285 m, Bildstock). Jenseits auf rot bez. Fahrweg durch Wald nach links (Norden) hinab in das **Mieslingtal** und dort zu einer Asphaltstraße. Diese durch eine Allee 150 m nach rechts zur Linksabzweigung einer Forststraße. Auf ihr ostwärts in Kehren gegen den Atzberg hinauf zu einer Verzweigung und rechtshaltend zu neuerlicher Teilung (nach links zur Buschandlwand).

)t bez. **St. Michaeler Höhenweg** bald zum Stolleneingang
ıen **Kupferbergwerkes**, dann im schönen Eichen- und
en Abhängen des Michaelerberges hinauf an den Südrük-
'z nach rechts hinab zu einer **Aussichtskanzel**. An den
|es weiter aufwärts, später durch eine Felszone zum höch-
uerung. Nun durch Buschwerk und über Wiesen abwärts,
Gleis der Donauuferbahn nach **St. Michael**, 211 m.
ẹ 3 und jenseits eine Stiege hinab zum **Treppelweg**. Den
auufer nach rechts in den Ortsbereich von **Spitz** und dort,
ei, zur Schiffsanlegestelle beim **Ghf. »Zwei Linden Donau-**
h rechts wieder zur Bundesstraße 3 und jenseits unter dem
ẹ (Unterführung) durch zum **Parkplatz**.

Spitz.

24 Rings um den Tausendeimerberg

Törggelen auf Niederösterreichisch

Bhf. Spitz – Rotes Tor – Quitten-Radlbach – Spitzerbachtal – Schloß Erlahof – Ruine Hinterhaus – Bhf. Spitz

Talort, Ausgangspunkt, Parkmöglichkeit: Siehe Tour 22!

Gehzeiten: Bhf. Spitz – Rotes Tor 20 Min., Rotes Tor – Radlbach 1–1¼ Std., Radlbach – Ruine Hinterhaus 20–25 Min., Ruine Hinterhaus – Bhf. Spitz ½ Std.; Gesamtgehzeit 2¼–2½ Std.

Anforderungen: Einfache Wanderung auf z.T. schlecht bez. Wegen und Straßen.

Höhenunterschiede: 270 m im An- und Abstieg.

Höchster Punkt: Am Waldrandweg, ca. 420 m.

Einkehrmöglichkeiten: In Spitz Gasthöfe, Restaurants und Heurigenlokale.

Sehenswertes: Das Schiffahrtsmuseum im Schloß Erlahof. Die Ruine Hinterhaus.

Hinweis: Von Quitten-Radlbach kann der Tausendeimerberg (ca. 300 m) auf einem staubfreien Güterweg bestiegen werden. Gesamter Zeitaufwand 15–20 Min.

An einem milden, sonnigen Herbsttag durch Weingärten, goldgelb verfärbtes Laub, idyllische Hauergassen zu streifen, ist wohl etwas, was jeder Wachaubesucher erträumt. Eine Wanderung rings um den Tausendeimerberg – der Name kommt vom Weinertrag in besonders starken Erntejahren – vermittelt jedenfalls unvergeßliche Eindrücke. Da ist natürlich auch ein Heurigenbesuch an der Tagesordnung, um dort bei Geselchtem, Surbraten, Wachauer Laberl und edlem Wein »Törggelen auf Niederösterreichisch« zu erleben!

Vom **Bhf. Spitz** nordwärts durch den Ortsteil **Teichbach** zur Kremserstraße. Diese nach rechts zum Haus Nr. 10, dort links ab und auf breitem Weg durch Weingärten in Nordrichtung aufwärts, zuletzt einen Graben steil empor zur Schulter beim **Roten Tor,** ca. 285 m. Gleich nach dem Tor auf bez. Güterweg kurz nach links hoch, dann nochmals links (!) an einen Rücken. Dort den unbez. »Waldrandweg« an der Weingartengrenze nordwestwärts hinauf in einen bewaldeten Graben. Durch ihn rechts empor zu einem breiten, gelb bez. Fußweg und diesen nach links zu einer Verzweigung. Auf bez. Fahrweg links hinab zum Waldrand, danach durch Weingärten südwärts hinunter zum Sattel vor dem Tausendeimerberg mit den Häusern von **Quitten,** ca. 255 m.

Blick von der Ruine Hinterhaus flußabwärts auf Spitz und Seekopf.

Auf Asphaltstraße rechtshaltend zu einer Verzweigung im Ortsteil **Radlbach**. Rechts auf Naturstraße (»**Kirchensteig**«), an Häusern vorbei, abwärts zum Ende der Straße und auf Weg kurz nach links hinab zum **Hotel-Restaurant »Neue Welt**« an der **Ottenschlägerstraße** im Spitzerbachtal. Die Straße 50 m nach rechts, dann links zum **Schloß Erlahof (Schiffahrtsmuseum)**. Vor dem Gebäude links ab und auf Straße an den Hängen des Hausberges ostwärts hinauf zur **Ruine Hinterhaus,** 275 m.
Die Straße, um den Rücken herum, zur Linksabzweigung eines unbez. Fußweges. Auf ihm ostwärts hinab zu einer Bank. Links ab und auf Steig durch Gesträuch nach Norden hinunter zur Ottenschlägerstraße im **Spitzerbachtal**. Rechts über die Bundesstraße 3 zum Donauufer mit dem **Treppelweg** (»Promenade«). Auf ihm, an Rollfähre-Anlegestelle und **Restaurant Strandcafé** vorbei, nach links zum **Ghf. »Zwei Linden Donauschlösserl«**. Dort links zur Bundesstraße 3 und jenseits unter dem Bahnhofsgelände (Unterführung) durch zum **Parkplatz**.

25 Von Spitz nach Willendorf

Zu einer weltbekannten »Steinzeit-Schönheit«

Bhf. Spitz – Ruine Hinterhaus – Dürrtal – Schwallenbach – Willendorf

Talorte: Spitz, 223 m, Markt am linken Donauufer im Zentrum der Wachau. Schwallenbach, 212 m, und Willendorf, ca. 213 m, an der Donau südlich von Spitz.
Ausgangspunkt, Parkmöglichkeit: Der Bahnhof, ca. 210 m, im unteren Ortsbereich von Spitz mit Parkplatz davor.
Gehzeiten: Bhf. Spitz – Ruine Hinterhaus ½ Std., Ruine Hinterhaus – Schwallenbach 1¼ Std., Schwallenbach – Willendorf ½ Std.; Gesamtgehzeit 2¼ Std.
Anforderungen: Bequeme Wanderung auf bez. Wegen und Straßen.
Höhenunterschiede: 250 m im An- und Abstieg.
Höchster Punkt: Am Höhenweg nach Schwallenbach, ca. 410 m.
Einkehrmöglichkeiten: Spitz: Gasthöfe, Restaurants und Heurigenlokale. Schwallenbach: Ghf. »Zur Wachau« (keine Nächtigung, ganzj. am Fr., Sa. und So. offen), Heurigenbetriebe. Willendorf: Ghf. »Venus von Willendorf« (12 B., ganzj. offen; von Oktober bis April am Mo. Ruhetag), Buschenschenken.
Sehenswertes: Die Ruine Hinterhaus. Die Fundstelle der »Venus von Willendorf« mit überdimensionierter Kopie (Original im Kunsthistorischen Museum in Wien).

Einer der schönsten Wachauer Spazierwege führt von Spitz über die Ruine Hinterhaus nach Schwallenbach und Willendorf. Er schenkt dem Wanderer reichhaltige Eindrükke. Und man darf eine überdimensionierte Kopie der weltberühmten »Venus von Willendorf« bewundern, just an jener Stelle, wo am 7. August 1908 bei Arbeiten an der Donauuferbahn die nur 11 cm große Kalkstein-Statuette einer üppigen Frauenfigur aus der Jungsteinzeit gefunden wurde.

Eine überdimensionierte Kopie der »Venus von Willendorf« steht an der Fundstelle.

Vom **Bhf. Spitz** unter dem Bahnhofsgelände (Unterführung) durch nach Südosten zum **Ghf. »Zwei Linden-Donauschlösserl«** am Donauufer. Dort den **Treppelweg** (»Promenade«), an **Restaurant Strandcafé** und Rollfähre-Anlegestelle vorbei, nach rechts zur Mündung des Spitzerbachtales. Die **Ottenschlägerstraße** kurz nach rechts zum **Restaurant »Zur Alten Mühle«**, dort links ab und auf breitem Weg oberhalb der Häuser zu einer Verzweigung. Links den **Jauerlingweg** Nr. 6 und 605 durch Laubwald südwärts gegen den Hausberg empor zu einer Straße (auf ihr nach links zur **Ruine Hinterhaus,** 275 m), die traversiert wird. In Südrichtung weiter aufwärts zur Verzweigung beim **Martinibild**. Linkshaltend hinauf an den Hausbergrücken und diesen in Kehren hoch, dann eben in die Ostflanke des Berges und dort zu einer Teilung. Geradeaus den rot bez. Höhenweg, an Waldflanken entlang, in das **Dürrtal**, das auf und ab zu einem Kahlschlag gequert wird. Dort links ab und am linken Rand des Schlages steil nach Osten abwärts, später an den Waldhängen wieder nach rechts (Süden) hinunter, zuletzt durch einen Hohlweg nach **Schwallenbach**, 212 m. Auf der alten Wachaustraße durch Marillen- und Weingärten rechtshaltend nach **Willendorf**, ca. 213 m.
Rückfahrt mit der Donauuferbahn (Züge zwischen 8.18 und 20.18 Uhr mehrmals täglich) nach **Spitz**.

26 Von Spitz auf den Jauerling, 959 m

Eine Top-Tour zum höchsten Berg der Wachau

Bhf. Spitz – Benking – Jauerling – Gut am Steg – Quitten-Radlbach – Spitz

Spitz, Tausendeimerberg und Hausstein (Jauerling) von Nordosten.

Talort, Ausgangspunkt, Parkmöglichkeit: Siehe Tour 22!

Gehzeiten: Bhf. Spitz – Benking 2–2¼ Std., Benking – Jauerling ¾ Std., Abstieg Jauerling – Gut am Steg 1¼–1½ Std., Gut am Steg – Bhf. Spitz 1–1¼ Std.; Gesamtgehzeit 5–5¾ Std.

Anforderungen: Lange Wanderung. Wege und Straßen nicht optimal markiert!

Höhenunterschiede: 800 m im An- und Abstieg.

Höchster Punkt: Jauerling-Nordgipfel (»Franz-Josefs-Höhe«, 959 m).

Einkehrmöglichkeiten: In Spitz und im Spitzerbachtal Gasthöfe, Restaurants und Heurigenlokale. Rest. Jauerling-Aussichtsturm und Hans-Pichler-Haus (beide keine Nächtigung, Ostern bis 1. Nov. tägl. geöffnet).

Sehenswertes: Die Rundsicht vom Jauerling-Aussichtsturm am Burgstock (an klaren Tagen vom Wienerwald bis zum Watzmann bei Salzburg!).

Um die Schönheiten von Wachau und Waldviertel kennenzulernen, sind keine Kraftakte nötig, auch nicht auf dieser langen Runde von Spitz auf den Jauerling und wieder zurück. Zudem trägt das unterwegs gebotene zur Unterhaltung und Erbauung des Wanderers bei: die über der Donau stehende Ruine Hinterhaus etwa, die vielgerühmte Jauerling-Rundsicht natürlich und der lange Abstieg in das Spitzerbachtal mit seinen Buschenschenken, bestens dazu geeignet müde Wanderer zu stärken, wieder lustig und flott zu machen.

Vom **Bhf. Spitz** wie bei Tour 25 zur Wegteilung in der Hausberg-Ostflanke. Rechts den Weg Nr. 6 und 605 an den Waldhängen südwestwärts hinauf zum Sattel nach dem Schweineck, danach auf Karrenweg links vom Rücken zum »**Platzl**« (ca. 630 m) an der Straße Gut am Steg – Oberndorf. Diese 700 m aufwärts, dann rechts auf bez. Karrenweg den Jauerling-Ostrücken hinauf zur Straße und auf ihr nach **Benking**, 767 m. Gleich nach dem Ort auf unbez. Naturstraße 100 m nach rechts, dann links einen Güterweg durch Wiesen und Wald in Westrichtung hinauf zu einer Teilung am Rande des **Jauerling-Naturparks**. Links den **Rundwanderweg** über eine Anhöhe hinweg zu großer Wiese mit querender Straße und auf ihr linkshaltend zum **Naturpark-Parkplatz**. Rechts auf Forststraße eben nach Südwesten zur »Bergturnwiese« und über sie nach links zum **Jauerling-Südgipfel** (Burgstock, 957 m) mit Aussichtsturm und ORF-Sendemast.
Wie bei Tour 27 zum **Hans-Pichler-Haus**. Dort auf rot bez. Weg eben nach links (Nordwesten) zu einem Fahrweg und diesen abwärts zu einer Teilung. Rechts auf bez. Straße in Richtung Vießling zur Abzweigung eines blau bez. Weges (»**Heuweg**«) scharf nach rechts und diesen nach Süden in den **Marbachgraben**. Durch ihn ostwärts hinab zu schöner Wiese mit Verzweigung. Linkshaltend im Wald weiter abwärts zur asphaltierten **Jauerlingstraße** und auf ihr nach **Gut am Steg**, 251 m, im Spitzerbachtal. Nun die **Ottenschlägerstraße** talaus zum **Hotel-Restaurant »Neue Welt«**. Nach links hinauf zu einer Naturstraße (»**Kirchensteig**«) und diese aufwärts nach **Quitten-Radlbach**, ca. 255 m, am Sattel nördlich des Tausendeimerberges. Jenseits die Friedhofgasse hinab nach **Spitz** und zurück zum **Bahnhof**.

27 Von Maria Laach auf den Jauerling, 959 m

Vergnügliche Wanderstunden am Laacher Hausberg

Maria Laach – Weißenstein – Jauerling-Südgipfel – Naturpark-Runde – Nordgipfel – Hans-Pichler-Haus – Südgipfel – Maria Laach

Talort: Maria Laach, 591 m, Markt am Waldviertelplateau südlich des Jauerling.
Ausgangspunkt, Parkmöglichkeit: Hauptplatz in Maria Laach.
Gehzeiten: Anstieg Maria Laach – Jauerling 1¼ Std., Naturpark-Runde ¾ Std., Abstieg Jauerling – Maria Laach 1¼ Std.; Gesamtgehzeit 3¼ Std.
Anforderungen: Problemlose Wanderung auf bez. Fußwegen und Forststraßen.
Höhenunterschiede: 390 m im An- und Abstieg.
Höchster Punkt: Jauerling-Nordgipfel (»Franz-Josefs-Höhe«, 959 m).
Einkehrmöglichkeiten: Rest. Jauerling-Aussichtsturm und Hans-Pichler-Haus (keine Nächtigung, von Ostern bis 1. Nov. täglich offen). Gasthöfe in Maria Laach.

Der auf einer Hochfläche nördlich von Emmersdorf gelegene Wallfahrtsort Maria Laach gehört zu den freundlichsten, sonnenreichsten Siedlungen im Umkreis der Wachau. Mit seiner alten Kirche und den gepflegten Gasthöfen hat sich Maria Laach zu einer beliebten Sommerfrische gemausert. Von ihr kann der »Laacher Hausberg«, der Jauerling, auf markierten Wegen problemlos erreicht werden. Oben warten ein sehenswerter Naturpark, zwei Gaststätten und eine Aussichtswarte, die an klaren Tagen ein glanzvolles Alpenpanorama vom Wienerwald bis zum Watzmann bei Salzburg präsentiert.

Von **Maria Laach** die Straße nach Oberndorf in den Ortsteil **Zeißing** mit Linksabzweigung einer bez. Asphaltstraße. Auf ihr, dann auf Fußweg über

Wiesen nach Norden, schließlich im Rechtsbogen über den Klafterbach und jenseits im Wald empor zu einer Teilung. Links den blau bez. Fahrweg am Rücken rechts des Klaftergrabens nach Norden hinauf zur Schulter »**Weißenstein**« und danach zur Rechtsabzweigung des Weges nach Willendorf. Am Waldrükken weiter zur Abzweigung nach Schwallenbach und danach zur **Naturpark-Informationsstelle** am Ende der Straße von Oberndorf (Parkplatz). Dort geradeaus zum **Jauerling-Südgipfel** (Burgstock, 957 m) mit Aussichtsturm und ORF-Sendemast.

Über die »Bergturnwiese« eben nach Nordwesten zu bez. Forststraße. Auf ihr über das bewaldete Jauerlingplateau nach rechts (Nordosten) zum **Naturpark-Parkplatz**. Auf bezeichneter Straße über eine große Wiese links sanft aufwärts zum **Jauerling-Nordgipfel** (»Franz-Josefs-Höhe«, 959 m) mit Kruzifix. Jenseits durch Wald nach Nordosten hinab zu einer Teilung und rechtshaltend zum **Hans-Pichler-Haus** (ca. 930 m, Kräutermuseum, Tiergehege, Kinderspielplatz; Donautalblick!).

Den Aussichtsturm am Südgipfel (»Burgstock«) des Jauerling sollte man unbedingt besteigen. An klaren Tagen reicht die Sicht bis zum Watzmann bei Salzburg.

Auf breitem Weg durch Wald in Südostrichtung eben weiter zur **Waldandacht** und aufwärts zur **St.-Hubertus-Waldschule** mit querendem Fahrweg. Diesen, am **Parkmuseum** vorbei, nach rechts hinauf zu einer Anhöhe, danach zur erwähnten »großen Wiese« und auf bekanntem Weg zurück zur »Bergturnwiese« am **Jauerling-Südgipfel**. Dort geradeaus die grün bez. Forststraße über den Südwestrücken des Berges abwärts zu einer Teilung. Links auf bez. Fahrweg eben nach Süden, dann den Waldrücken rechts des Klaftergrabens hinab zur asphaltierten »Weinbergstraße«. Den unbez. Weg links der Straße über Wiesen nach Südosten bergab, zuletzt entlang der Straße nach **Maria Laach**.

28 Ysperklamm

Romantische Blockschlucht am Südabfall des Waldviertels

Ghf. Forellenhof (Humpellehen) – Ysperklamm – Ödteich – Ghf. Forellenhof

Talorte: Altenmarkt, 498 m, und Ysper, 504 m. Benachbarte Fremdenverkehrsorte im mittleren Yspertal.
Ausgangspunkt: Ghf. Forellenhof (551 m) in Humpellehen, im Hintergrund des Ysper-

tales am rechten Ufer der Großen Ysper, 7 km von Altenmarkt.
Parkmöglichkeit: Parkplatz vor dem Ghf. Forellenhof.
Gehzeiten: Anstieg Ghf. Forellenhof – Ödteich 1 Std., Abstieg Ödteich – Ghf. Forellenhof ¾ Std.; Gesamtgehzeit 1¾ Std.
Anforderungen: Einfache Wanderung. Trittsicherheit nötig!
Höhenunterschiede: 300 m im An- und Abstieg.
Höchster Punkt: Ödteich, 836 m.
Einkehrmöglichkeiten: Ghf. Forellenhof (keine Nächtigung, von März bis Nov. durchgehend geöffnet). Unterwegs keine Einkehr!
Sehenswertes: Die Wasserkaskaden der Großen Ysper mit den durch Sprühnebel angegrünten, bemoosten Wäldern ringsum.
Hinweis: Vom Ödteich kann man auf Forstwegen in 1½–2 Std. zu den Hauptorten des Weinsberger Waldes, Gutenbrunn oder Bärnkopf, gelangen.

Dort wo das innere Yspertal zur Hochfläche des Weinsberger Waldes ansteigt, findet sich eine der wenigen Kataraktstrecken des Waldviertels. Da gibt es nicht nur eine romantische, fast alpin anmutende Klamm, sondern auch stäubende Wasserfälle, die das Tal mit Gischt und Brausen erfüllen. Es ist ein Erlebnis, im Frühjahr zur Zeit der Schneeschmelze oder nach ergiebigen Regenfällen diese Schlucht zu begehen, durch die einst die gefällten Waldviertler Baumriesen zur Donau geflößt wurden.
Vom **Ghf. Forellenhof** in **Humpellehen** nach Osten über den Ysperbach und rechts von ihm den rot bez. Weg vorerst über Wiesen, dann durch einen mit riesigen Felsblöcken durchsetzten Wald in Nordrichtung aufwärts. Der gut angelegte Weg führt zwischen bemoosten Felsen durch urwaldartiges Gelände mittels Holzstegen und Leitern in Windungen aufwärts bis eine zu querende Forststraße (Brücke) erreicht wird.
Weiter auf teilweise ausgesetztem Pfad unmittelbar entlang des stäubenden Baches über Brücken und Leitern, mehrmals das Ufer wechselnd, steiler hoch. Nach einem engen Felsdurchlaß (Leiter) verflacht sich die Klamm und

man erreicht eine Waldstraße (Bänke). Nun auf gutem Weg geradeaus weiter und nach wenigen Minuten zu dem einst für die Holzschwemme angelegten **Ödteich**, 836 m, der heute einer grünen Waldwiese Platz gemacht hat.
Abstieg: Entweder auf dem Anstiegsweg zurück zum Ghf. Forellenhof (bei starkem Besucherandrang nicht zu empfehlen!) oder einfacher auf dem Forstweg am Ende der Klamm, links des Anstiegsweges, in Südrichtung abwärts, dann in Kehren hinunter zur Ysper, die bei der oben erwähnten Brücke erreicht wird. Über die Brücke an das rechte Bachufer und dort durch den Wald abwärts. Zuletzt erreicht man einen asphaltiertem Güterweg, der über schöne Wiesen zurück zum Ausgangspunkt beim **Ghf. Forellenhof** bringt.

Rast am Zustieg zur Ysperklamm.

29 Herzstein-Rundweg

Zu den Steinernen Mandln im Yspertal

Ysper – Hof Pireitsteiner – Herzstein – Hof Geretzlehen – Hof Stein – Prägarten – Ysper

Talort, Ausgangspunkt: Ysper, 504 m, Urlaubsort an der Ysptertal-Westseite.
Parkmöglichkeit: Parkplatz am Hauptplatz von Ysper.
Gehzeiten: Ysper – Herzstein – Geretzlehen 3–3¼ Std., Geretzlehen – Nußbichl – Stein – Prägarten – Ysper 2–2¼ Std.; Gesamtgehzeit 5–5½ Std.
Anforderungen: Einfache Wanderung auf guten Wegen. Etwas Ausdauer nötig.
Höhenunterschiede: 480 m im An- und Abstieg.
Höchster Punkt: Herzstein, 820 m.
Einkehrmöglichkeiten: Gasthöfe in Ysper. Unterwegs keine Einkehr!
Hinweis: Wem die gesamte Runde zu lang erscheint, der kann vom Hof Geretzlehen auf Güterweg direkt nach Ysper absteigen (Zeitersparnis 1¼ Std.).

»Donauwaldviertel«, das ist jene vom Klima begünstigte Landschaft des oberen Ysper- und Weitentales im Umkreis des mächtigen Ostrong. Abseits vom großen Touristenstrom hat sich hier ein Stück bäuerlicher Urständigkeit erhalten. Verstreut liegende Bauerngehöfte, riesige Granitblöcke – meist ehemalige heidnische Opferstätten – sowie herrlich blühende Wiesen und dunkle, geheimnisvolle Weiher, das sind die Glanzpunkte dieses selten schönen Erholungsgebietes.
Vom Hauptplatz in **Ysper** die Straße in Richtung St. Oswald zu einer lustig bemalten Garage. Rechts ab und auf rot bez. Weg einen Graben (Waldlehrpfad) hinauf zum **Schauerkreuz**. Links abwärts und über einen Bach, danach linkshaltend empor in den Wald. Nun über einen mit Felsblöcken durchsetzten Waldrücken in westlicher Richtung hinauf zu einer Forststraße. Auf dieser links abwärts (ca. 500 m), bis rechts ein Steig abzweigt, den man bis zu einem breiten Weg verfolgt. Nun den Karrenweg rechts aufwärts zur Ackerfläche beim **Hof Pireitsteiner** mit dem **»Steinernen Kornmandl«** in der Feldmitte. Beim Schuppen gegenüber dem Gehöft zweigt rechts der Weg zu den riesigen Felsblöcken des **Drachen-** und **Totenkopfes**, 780 m, ab (10 Min.; Holztreppe, Absturzgefahr!).

Das »Steinerne Kornmandl« beim Hof Pireitsteiner.

Vom Schuppen am Waldrand weiter zum **Windhaghof** und über Wiesen nach rechts hinauf zu einer Bank (Aussicht!), danach durch Wald zur Felsgruppe des **Herzstein** (820 m; Durchschlupf). Auf rot bez. Weg in Nordwestrichtung um den Hinterberg herum und abwärts zur Dorfstettner Straße. Auf ihr hinunter in eine Senke, dann rechts ab und auf einem schönen Weg durch Wald (riesige Felsblöcke!) ostwärts vorerst eben dahin, dann einen Graben (»**Loizen**«) steil hinab zu einer Kapelle beim **Hof Geretzlehen**.
Auf staubfreier Straße in Nordrichtung abwärts zu einer Kreuzung, von dort links bergauf zu verstreut liegenden Bauernhöfen und weiter bis zum Straßenende beim **Hof Nußbichl**. Auf Fußweg über Wiesen hinab zum **Hof Überländ** und auf Karrenweg nach links in ein Seitental. Dort wo der Weg zu steigen beginnt, rechts auf Steigspuren hinunter zum Bach (kleine Brücke) und jenseits durch sumpfige Wiesen mühsam empor zum **Hof Stein**. Auf Straße hinab zu den Weilern **Stößelberg** und **Prägarten**. Dort nach rechts zum **Burgschachenteich** (Badeteich) und von seinem Südende links durch ein Wäldchen und über Wiesen hinunter zum kleinen, aber romantischen **Walchteich**. Nun unterhalb von **Schloß Rorregg** vorbei, dann auf Promenadenweg zurück nach **Ysper**.

30 Brandstetterkogelhütte, 532 m

Logenplatz gegenüber Grein

Wiesen – Brandstetterkogelhütte – Oberschlag – Hößgang – Wiesen

Talort: Grein an der Donau, 239 m. Stadt am Westeingang in den Strudengau.
Ausgangspunkt: Wiesen, 236 m. Weiler südlich der Donau gegenüber von Grein.
Parkmöglichkeit: Parkplatz beim ehem. Ghf. Brandstetter in Wiesen. Zufahrt über die stromaufwärts gelegene Greiner Donaubrücke, 4 km von Grein.
Gehzeiten: Wiesen – Brandstetterkogelhütte 1–1¼ Std., Brandstetterkogelhütte – Hößgang 1–1¼ Std., Hößgang – Wiesen ½ Std.; Gesamtgehzeit 2½–3 Std.
Anforderungen: Einfache Wanderung auf gut bez. Wegen.
Höhenunterschied: 350 m im An- und Abstieg.
Höchster Punkt: Brandstetterkogelhütte, 532 m.
Einkehrmöglichkeiten: Brandstetterkogelhütte (10 B., 20 L.; ganzj. geöffnet, Di. Ruhetag). In Hößgang und Wiesen keine Gaststätten!
Sehenswertes: Die herrlichen Ausblicke von der Brandstetterkogelhütte.

Schutzhütten und Berggasthäuser sind auf den Höhen entlang der Donau eher rar. Die vielen Siedlungen und die meist kurzen Zugänge lassen hier touristische Unterkünfte nicht unbedingt notwendig erscheinen. Um so mehr stellt der kleine Adlerhorst auf dem Brandstetterkogel eine Besonderheit dar. Mit ihrem Prachtblick zur Donau, auf Grein und das südliche Waldviertel bis zur Kirche von St. Ulrich am Blasenstein lohnt die Hütte auf alle Fälle den Besuch.
Vom ehem. **Ghf. Brandstetter** in **Wiesen** auf bez. Karrenweg nach Osten zu kleiner Kapelle inmitten lieblicher Wiesen und Obstgärten. Südwärts an den

Fuß des Brandstetterkogels und nach links hinauf zu einer Forststraße, die traversiert wird. Nun auf Waldweg südostwärts steil hoch in ein Waldtal und dort nach links über den Bach (Brücke). Jenseits im weiten Linksbogen zu einem Fahrweg und diesen um eine Bergkante nach links herum. Gleich danach rechts ab und auf bezeichnetem Serpentinensteig nach Nordosten empor zu der auf einem Felsvorsprung stehenden **Brandstetterkogelhütte**, 532 m.

Von der Hütte auf Asphaltstraße nach Osten aufwärts zu einem Wiesensattel (548 m; Linksabzweigung des Direktweges nach Hößgang). Bei dem folgenden Bauernhof links ab und auf blau bez. Feldweg durch eine weite Wiesenmulde zu einem Hof. An ihm vorbei, danach abwärts zu den Bauernhäusern von **Oberschlag,** ca. 520 m. Nun auf aussichtsreichem Weg (Alpenblick!) den Wiesenkamm nach Osten zu querender Straße und auf Feldweg abwärts zu einem Gehöft (mit Schlepplift). An diesem links vorbei und über Wiesen nach Osten hinab zu einem Güterweg. Auf ihm nach links (Norden) und entlang eines Bachlaufs hinab nach **Hößgang,** ca. 235 m. Nun entweder am Donauufer entlang oder erst die höher gelegene Ortsstraße bis an das westliche Ortsende, danach die schmale Uferstraße westwärts zurück nach **Wiesen**.

Blick von der Brandstetterkogelhütte auf Donau, Grein und südliches Waldviertel.

31 Stillensteinklamm

Kühler Tipp für heiße Tage

Donauparkplatz – Stillensteinklamm – Aumühle – Achleiten – Struden – Parkplatz

Talort: Struden, 232 m. Markt am nördlichen Donauufer, 2 km östlich von Grein.
Ausgangspunkt, Parkmöglichkeit: Donauparkplatz (ca. 232 m) an der Mündung des Gießenbaches in die Donau, 1,5 km östlich von Grein.
Gehzeiten: Parkplatz – Aumühle 1¾–2 Std., Aumühle – Steinerne Stube ¾ Std., Steinerne Stube – Struden – Parkplatz 1–1¼ Std.; Gesamtgehzeit 3½–4 Std.
Anforderungen: Wanderung auf guten Wegen. Trittsicherheit und Ausdauer nötig!
Höhenunterschiede: 250 m in An- und Abstieg.
Höchster Punkt: Ghf. Aumühle, 400 m.
Einkehrmöglichkeiten: Ghf. Aumühle (50 B.; ganzj. geöffnet, Mo. Ruhetag). Im Sommer »Moststation« in Achleiten.
Hinweis: Man kann von der »Steinernen Stube« auch gleich über Achleiten nach Struden absteigen. Zeitersparnis 1¼–1½ Std.

Die Wanderung durch die Stillensteinklamm, die »Schlucht zum Stillen Stein«, wo einst ein gewaltiger Felssturz den Gießenbach meterhoch verschüttete und für immer Stille im Tal einkehrte, gehört zu den abwechslungsreichsten und frequentiertesten im Strudengau. Da darf einem an schönen Sommer-Wochenenden der Massenansturm nicht wundern, denn es gibt weit und breit keine romantischeren Szenerien als in dieser von dräuenden Felswänden beherrschten Talenge.

Vom **Donauparkplatz** bei der alten Mühle auf gutem Weg zwischen hoch aufragenden Felsblöcken das **Gießenbachtal** aufwärts. Nach ca. 10 Min. auf dem an der linken Felswand befestigten Holzsteg um eine Flußbiegung herum und durch Wald hinauf zur Einmündung des Zuganges von Grein. Den Weg weiter aufwärts und über einen Steg an das rechte Ufer. Dort über

Die alte Mühle im Gießenbachtal.

Stufen steil empor zur »**Steinernen Stube**« und zum »**Stillen Stein**«, einem felsüberdachten Rastplatz (Bank), wo der Bach auf etwa 300 m Länge durch einen Bergsturz verschüttet ist. Weiter durch das stark verblockte Tal mühsam aufwärts zu einem idyllischen Stausee, wo die eigentliche Klamm verlassen wird. Zunächst am westlichen Seeufer entlang, dann an das Ostufer (Brücke) und dort weiter zu einem Güterweg. Auf ihm kurz nach links, dann rechts durch Wald und über Feuchtwiesen das schöne Gießenbachtal einwärts zum **Ghf. Aumühle**, 400 m, an der Straße nach Grein.
Zurück zur »**Steinernen Stube**«. Dort den **Jägersteig** kurz nach links aufwärts, später auf Felsband (Drahtseil) über der Schlucht nach rechts in den Wald und zu einem Gehöft. Auf Güterweg links an ihm vorbei und durch Wald aufwärts zu einer Verzweigung (geradeaus in wenigen Minuten zur »Moststation« in **Achleiten**).
Auf Wiesenweg rechts ab (Pfeil »Struden«), dann im Wald nach Süden abwärts zu einer Teilung. Rechts (Schranken) in Kehren gegen das Gießenbachtal abwärts zu querender Forststraße und diese links hinauf zu einem Sattel. Auf Steig im Wald gerade weiter zu aussichtsreicher Wiese (Blick zur Donau!). Durch einen Hohlweg hinab zur Straße und auf ihr, die Donauuferbahn traversierend, weiter nach **Struden**. Dort die Bundesstraße 3 rechtshaltend zurück zum **Donauparkplatz**.

32 Von Sarmingstein nach St. Nikola

Was Strudengau-Besucher nicht versäumen dürfen

Sarmingstein – Predigtstuhl – Gloxwald – Schloßkogel – Sattlhöhe – St. Nikola – Sarmingstein

Talorte: Sarmingstein und St. Nikola, 230 m. Fremdenverkehrsorte am linken Donauufer, 4 km stromabwärts von Grein.
Ausgangspunkt, Parkmöglichkeit: Bahnhof von Sarmingstein.
Gehzeiten: Sarmingstein – Predigtstuhl ¾–1 Std., Predigtstuhl – Schloßkogel 1½ Std., Schloßkogel – St. Nikola 1¼ Std., St. Nikola – Sarmingstein ¾ Std.; Gesamtgehzeit 4¼–4½ Std.
Anforderungen: Meist gute Wege, stellenweise aber dürftig markiert.
Höhenunterschied: 500 m im An- und Abstieg.
Höchster Punkt: Predigtstuhl, 520 m.
Einkehrmöglichkeiten: Gaststätten in Sarmingstein und St. Nikola.
Sehenswertes: Die Tiefblicke in das enge Donautal. Die wunderbare Fernschau von der Sattlhöhe zu den Alpen.
Hinweis: Bei Rückreise mit der Bahn ab St. Nikola ¾ Std. Zeitersparnis.

Beeinträchtigt der mächtige Urgesteinsrücken des Dunkelsteinerwaldes in der Wachau oft das Alpenpanorama, so werden dem nach Süden schweifenden Blick auf den Höhen des Strudengaues keine Grenze gesetzt. Vom Predigtstuhl etwa oder von der Sattlhöhe zwischen Sarmingstein und St. Nikola kann man an klaren Tagen die Kette der Nördlichen Kalkalpen in ihrer ganzen Pracht bewundern.

Vom **Bhf. Sarmingstein** die Straße nach Waldhausen zur ersten Linkskehre. 100 m danach rechts ab und auf unbez. Karrenweg im Wald nach Osten steil bergauf, später an einer Waldflanke aufwärts in ein Seitental und dort zu großer Wiese. Über diese hoch zum weithin sichtbaren **Hof Bauerngruber**. Auf Güterweg links, nordwärts, hinauf zu einigen Höfen mit Verzweigung danach. Wieder links und auf Feldweg westwärts in einen Sattel und weiter zur Kuppe des **Predigtstuhls**, 520 m.

Zurück zur »Verzweigung«. Dort links den Güterweg nach Norden hinab zu den westlichsten Häusern von **Gloxwald**, 510 m. Einen Graben nach Nordwesten hinunter zu einer Straße und auf ihr in das Tal des **Sarmingbaches** mit der Straße Sarmingstein – Waldhausen. Über den Bach (Brücke) und jenseits 500 m talaus zu querendem Fahrweg. Auf ihm nach rechts (Westen) aufwärts, dann unter Felswänden zur Schulter des **Schloßkogels** mit dem Gemäuer der **Ruine Säbnich**. Vom südlich gelegenen Aussichtspunkt (Absturzgefahr!) toller Tiefblick zur Donau!
Auf Karrenweg durch Wald und über Wiesen nach Norden hinauf zum Sattel beim **Hof Burgner**, dann auf Asphaltstraße westwärts zur **Sattlhöhe**, 519 m, mit verstreut liegenden Höfen. Den Rücken weiter bis zum Ende der Straße bei großem Bauernhof. Auf Weg geradeaus abwärts in den Wald und dort vorerst in West-, dann in Südrichtung bergab, zuletzt über Wiesen nach **St. Nikola**, 249 m. Von dort entweder zu Fuß entlang der Donauuferstraße oder per Bahn (Züge zwischen 8.04 und 18.26 Uhr mehrmals tägl.) nach **Sarmingstein**.

Tiefblick vom Anstieg auf den Predigtstuhl in das Donautal.

33 Von Zöbing auf den Heiligenstein

Panoramapunkt und berühmter Weinberg an der Kampmündung

Bhf. Zöbing – Silberörtl – Zöbinger Kellergasse – Weinbergkreuz – Heiligenstein (Kamptalwarte) – Bhf. Zöbing

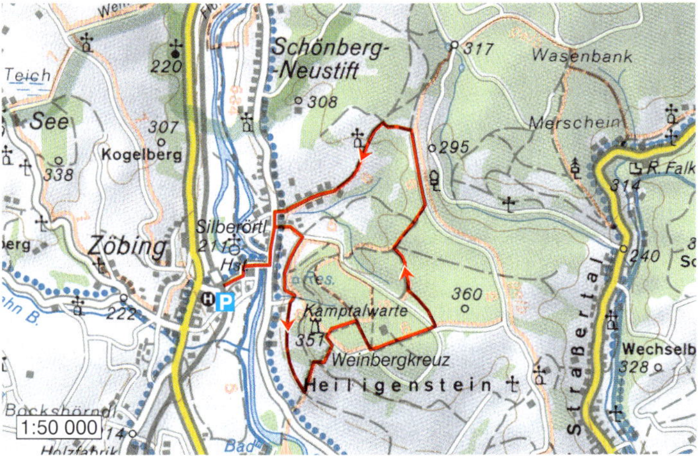

Talorte: Langenlois, 217 m, Stadt und Hauptort des unteren Kamptales. Zöbing, 211 m, Markt nordwestlich von Langenlois.
Ausgangspunkt: Der Bahnhof von Zöbing.
Parkmöglichkeit: Parkplätze im Ortsbereich von Zöbing.
Gehzeiten: Anstieg Zöbing – Kamptalwarte ¾ Std., Abstieg Kamptalwarte – Zöbing 1–1¼ Std; Gesamtgehzeit 1¾– 2 Std.
Anforderungen: Einfache, bequeme Wanderung auf guten Wegen.
Höhenunterschiede: 150 m in An- und Abstieg.
Höchster Punkt: Kamptalwarte, 351 m.
Einkehrmöglichkeiten: In Zöbing Gasthöfe und Heurigenlokale. Unterwegs keine Einkehr!
Sehenswertes: Der Tiefblick von der Kamptalwarte in das Kamp- und Donautal mit den Weinbaugebieten um Langenlois.

Dort, wo das Kamptal in die breite, fruchtbare Ebene des Tullner Feldes übergeht, breitet sich rings um Langenlois eines der größten Weinbaugebiete Österreichs aus. Schon im Mittelalter besaßen die kirchlichen und weltlichen Landesfürsten von Dürnstein und Altenburg hier ihre Lesehöfe, in denen der Rebensaft vom Heiligenstein gekeltert wurde. Von der auf seinem Scheitel stehenden Kamptalwarte des Österreichischen Touristenklubs bietet sich ein umfassender Überblick über diese vom Weinbau geprägte Landschaft.

Vom **Bhf. Zöbing** die Heiligensteinstraße ostwärts über den Kamp und links durch den malerischen Ortsteil **Silberörtl** (im Ghf. Gutmann Schlüssel für die Kamptalwarte!) zum barocken Lesehof des Stiftes Dürnstein. Rechts ab und den rot bez. hohlwegartigen Fahrweg ostwärts hinauf zum Beginn der **Zöbinger Kellergasse**.
Rechts den »Weinwanderweg«, an Kellern und Heurigenlokalen vorbei, über dem Kamptal eben nach Süden zum Beginn der Weingärten. Dort den Güterweg eben fort bis zu einer Verzweigung (Pfeil). Links ab und auf steinigem Weg entlang der Weingartengrenzen steil nach Osten empor zum weithin sichtbaren **»Weinbergkreuz«** (Bank) mit querendem Fahrweg danach. Auf ihm 100 m eben nach links zu der am **Heiligenstein** stehenden **Kamptalwarte**, 351 m.
Von der Warte auf blau bez. Weg im Wald vorerst nach Osten, dann nach Süden sanft aufwärts zu einer Straße. Nicht auf ihr, sondern links auf blau bez. Fahrweg vorerst eben, dann, eine Forststraße traversierend, durch ausgedehnte Wälder nach Nordosten abwärts zu einem Güterweg. Auf ihm weiter bergab zu einem Sattel inmitten von Weingärten. Dort links ab und auf Fahrweg, an einer kleinen Kapelle vorbei, steil abwärts, dann durch eine Kellergasse nach **Silberörtl**. Weiter auf dem bekannten Weg zurück zum **Bhf. Zöbing**.

Ausgediente Weinpresse am Fuß des Heiligenstein bei Zöbing.

34 Rund um Gars

Auf den Spuren der Babenberger

Gars – Hamerlingwarte – Zitternberg – Buchberg – Ruine Klösterl – Ruine Schimmelsprung – Thunau – Gars

Talorte: Gars am Kamp, 256 m, touristisches Zentrum des unteren Kamptales. Thunau, 298 m, südwestlich von Gars gelegene Fraktion.
Ausgangspunkt: Der Hauptplatz von Gars.
Parkmöglichkeit: Mehrere Parkplätze im Ortsgebiet von Gars.
Gehzeiten: Gars – Buchberg 1 Std., Buchberg – Ruine Schimmelsprung ¾–1 Std., Ruine Schimmelsprung – Gars ½–¾ Std.; Gesamtgehzeit 2¼–2¾ Std.
Anforderungen: Leichte Wanderung auf bez. Wegen und Straßen.
Höhenunterschiede: 280 m im An- und Abstieg.
Höchster Punkt: Ruine Schimmelsprung, 430 m.
Einkehrmöglichkeiten: Hotels und Gasthöfe in Gars und Thunau.
Hinweis: Von der »großen Wiese« nach der Ruine Schimmelsprung Wegabzweigung zu den Ausgrabungen auf der »Schanze« (siehe »Wissenswertes«). Zusätzlicher Zeitaufwand ¾ Std.

Die Umgebung von Gars bietet mit ihren historischen Befestigungen und den an strategisch wichtigen Punkten angelegten Burgen ein überaus interessantes Ausflugsgebiet. Der hier beschriebene Weg bietet die Möglichkeit, den reizvollen Markt zu umrunden und von diskreten Punkten immer neue, faszinierende Ansichten zu gewinnen.

Schloß Buchberg südlich von Gars am Kamp.

Vom **Hauptplatz in Gars** die Kremserstraße 400 m nach Südosten zur Linksabzweigung der Wozniczakgasse. Durch sie südwärts in den Wald und dort auf Promenadenweg in Kehren aufwärts zur Aussichtsplattform der **Hamerlingwarte**, 343 m, mit schönem Tiefblick auf Gars, ½ Std.
Von der Warte auf gutem Weg in Südwestrichtung sanft abwärts bis fast zur Kamptalstraße. Vor ihr scharf links ab und entlang der Gärten von **Zitternberg** leicht ansteigend zur Dorfstraße und weiter zur neuen Kirche. Dort die rot bez. Straße nach rechts, dann auf Waldweg südwärts hinab zur Kamptalstraße und diese entlang zur Kampbrücke. Über sie und jenseits, an der Bahnhaltestelle vorbei, westwärts in den Weiler **Buchberg** mit mittelalterlichem Schloß. Die Dorfstraße nach rechts (Nordwesten) aufwärts, dann rechts ab und auf Fußweg nordwärts ohne große Höhenunterschiede zu den spärlichen Resten der über dem Kamp thronenden **Ruine Klösterl**. Weiter auf Karrenweg hinab zum Kamp und diesen entlang zur Einmündung des **Steinbachgrabens**. Durch ihn auf breitem Weg nach links (Westen) aufwärts, später rechts ab und auf blau bez. Steig durch Wald nordwärts empor zu einem Sattel. Dort nach rechts zu den Mauerresten der **Ruine Schimmelsprung** (430 m; Tiefblick in das Kamptal!).
Zurück zum Sattel und auf Steig durch eine felsige Flanke nach rechts (Norden) hinauf zu großer Wiese über dem Kamptal (Bänke). Nun auf Weg nordwestwärts in einen Graben, dann nach Osten hinunter zu den Häusern von **Thunau**. Durch den Ort abwärts zur Kampbrücke am Fuß der Babenbergerburg und über sie in das Zentrum von **Gars**.

35 Von Rosenburg nach Steinegg

Die Urlandschaft des Kamp

Rosenburg – Schloß – Steinegg – Rauschermühle – Rosenburg

Talorte: Rosenburg, 265 m, Sommerfrische am Kamp mit prachtvollem Renaissanceschloß. Steinegg, 302 m, Dorf am Kamp oberhalb von Rosenburg.
Ausgangspunkt, Parkmöglichkeit: Bahnhof von Rosenburg.
Gehzeiten: Rosenburg – Schloß Rosenburg ½ Std., Schloß Rosenburg – Steinegg 2¼ Std., Steinegg – Rosenburg 2½–2¾ Std; Gesamtgehzeit 5¼–5½ Std.
Anforderungen: Lange, anstrengende Tour. Trittsicherheit nötig!
Höhenunterschiede: 300 m in An- und Abstieg.
Höchster Punkt: In der Sulz, 430 m.
Einkehrmöglichkeiten: Gasthöfe und Restaurants in Rosenburg. Ghf. Dunkler in Steinegg (24 B., ganzj. offen).
Sehenswertes: Das herrliche Schloß Rosenburg und die einsame und noch unberührte Kampschlucht im Bereich der Bründlleiten.

Diese klassische Tour am mittleren Kamp führt in einen noch unberührten Winkel des Waldviertels, trotz des kleinen Wasserkraftwerkes am Umlaufberg, das als historisches Monument des beginnenden Industriezeitalters eine Sehenswürdigkeit für sich darstellt. Daß in Steinegg, dem Wendepunkt der Wanderung, ein schattiger Gastgarten unter alten Kastanienbäumen auf den Besucher wartet, soll nicht verschwiegen werden.
Vom **Bhf. Rosenburg** die Straße nach Krems zur Taffabrücke und weiter zu einer Fußgängerbrücke nach rechts über den Kamp. Jenseits auf rot bez. Steig, an der **Graselhöhle** vorbei, nach Westen hinauf zur **Rosenburg** (354 m, Führungen). Über den Parkplatz, dann durch Wald nach rechts (Nordwesten) abwärts zur Zufahrtsstraße und auf ihr zu einer Rechtskehre. Gerade weiter und hinab zum Kamp. Stromaufwärts zum alten Krafthaus (errichtet 1907) an einer engen Flußbiegung. Am Gebäude vorbei, dann nach links hinauf zum Sattel am **Umlaufberg**. Jenseits auf Steig über dem aufge-

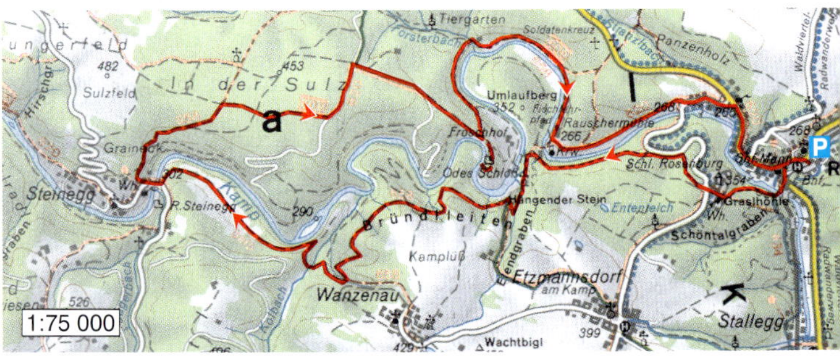

Greifvogelvorführung am Turnierplatz von Schloß Rosenburg.

stauten Kamp nach Süden in ein Seitental (**Elendgraben**), von dem man nach rechts zum **Hängenden Stein** (Klettergarten) gelangen kann. Im erwähnten Seitental weiter aufwärts und wieder zurück in das Haupttal. Dort hoch über den Kamp durch die Flanken der »**Bründlleiten**« westwärts zu einer Forststraße und auf ihr durch ein Sekundärtal nach links (Süden) bergauf. Bevor man die Hochfläche erreicht rechts ab und auf bez. Wegen durch Wald und Wiesen hinunter zur Kampbrücke in **Steinegg**, 302 m.
Vom Ghf. Dunkler den alten **Pilgerweg** (Nr. 658) nach Nordosten hinauf zum Plateaurand mit Verzweigung. Rechts auf Forststraße (Weg Nr. 620) eben durch die Waldung »**In der Sulz**« nach Osten, dann über einen Rücken in Südostrichtung abwärts zu einer Weggabelung (rechts zum »**Öden Schloß**«, auf hohem Fels über einer Kampschlinge gelegen; ½ Std. zusätzlicher Zeitaufwand). Auf Forstweg nach Norden hinab zum Kamp, dort auf Steig am linken Ufer im Rechtsbogen um den Umlaufberg herum, dann an der ehem. Tiergartenmauer von Altenburg entlang zur **Rauschermühle**, 266 m. Nun auf Asphaltstraße zurück nach **Rosenburg**.

36 Große Krems und Wotansfelsen, 625 m

Klassische Rundtour am Kremszwickl

Parkplatz Burg Hartenstein – Zwickl – Brauhaus – Wotansfelsen – Zwickl – Parkplatz

Talorte: Albrechtsberg an der Krems, 686 m, Markt im südlichen Waldviertel. Weißenkirchen, 224 m, großer Weinort im Zentrum der Wachau.
Ausgangspunkt, Parkmöglichkeit: Parkplatz Burg Hartenstein, ca. 515 m, im Tal der Kleinen Krems südl. der Burg Hartenstein. Anreise von Albrechtsberg (5 km) oder Weißenkirchen (13 km) über die Maigenmühle.
Gehzeiten: Parkplatz – Zwickl ½ Std., Zwickl – Brauhaus 1¼–1½ Std., Brauhaus – Wotansfelsen 1¼–1½ Std., Wotansfelsen – Parkplatz 1 Std.; Gesamtgehzeit 4–4½ Std.
Anforderungen: Einfache, aber lange Wanderung. Orientierungssinn erforderlich!
Höhenunterschiede: 250 m im An- und Abstieg.
Höchster Punkt: Wotansfelsen, 625 m.
Einkehrmöglichkeiten: Ghf. Müller in Brauhaus, Ghf. »Zur Linde« in Felling (beide keine Nächtigung; ganzj. geöffnet).
Sehenswertes: Die Gudenushöhle, einer der ältesten Siedlungsplätze Österreichs.

Die tiefen Schluchten des südlichen Waldviertels bilden einen wirkungsvollen Gegensatz zu den friedlichen Heidehochflächen darüber. Dieser Rundweg bietet Gelegenheit, beide Landschaftstypen kennenzulernen. Er beginnt am Parkplatz vor der Burg Hartenstein und führt mitten hinein in den wilden Felszirkus des »Zwickl«, wo sich Große und Kleine Krems vereinen. Höhepunkt ist die Besteigung des Wotansfelsen, von dessen Scheitel man Waldviertelplateau und Krems-Canyon wie von einem Adlerhorst überblickt.
Vom **Parkplatz** auf Fahrweg (»Geologischer Lehrpfad«) entlang der Kleinen Krems nordwärts zur Kremsbrücke unterhalb der **Burg Hartenstein**. An das linke Ufer und dort, an den Abzweigungen zur **Gudenus-** und **Eichmayerhöhle** vorbei, das Tal sanft abwärts zum **Zwickl** (450 m, Verzweigung).
Links auf rot bez. Forstweg das Tal der Großen Krems in Nordwestrichtung stromaufwärts zum **»Hasenfleck«** an der Mündung des **Gillauser Baches**. Mehrmals das Ufer wechselnd im Tal weiter, später an der linken Seite hinauf zu einer Anhöhe und wieder hinab zur Krems. An das rechte Ufer (Brücke) und dort auf schönem Weg dahin, dann aufwärts zu einem Sattel mit Ver-

zweigung. Jenseits hinab zur Krems und durch ein Sägewerk zum Weiler **Brauhaus**, 529 m.
Zurück zum »Sattel«. Auf Karrenweg nach links (Norden) empor zu einer Kehre, dort rechts ab und ostwärts hinauf zum Waldviertelplateau. Auf Güterwegen über Felder bis zu einer Gabelung vor (!) dem Ort **Felling**. Rechts ab und die gelb bez. Straße nach Süden, dann in den Wald und dort zu einer Teilung. Rechts auf blau bez. Weg südwärts vorerst eben, dann bergauf zum Gipfel des **Wotansfelsen**, 625 m.
Zurück zur »Teilung«. Den gelb bez. Weg nach Süden hinab zu einem Absatz mit querendem Güterweg. Auf ihm links zu einer Waldstraße und diese rechtshaltend hinunter in das **Kremstal**. Dort auf Fahrweg nach rechts zum **Zwickl** und auf bekanntem Weg zurück zum **Parkplatz**.

Die versteckt gelegene Burg Hartenstein im Tal der Kleinen Krems.

37 Schusterlucke und Teufelsrast, 640 m

Wo der Teufel in die Kirche geht

Parkplatz Burg Hartenstein – Zwickl – Vettersteig – Teufelskirche – Teufelsrast – Eichmayerhöhle – Parkplatz

Talorte, Ausgangspunkt, Parkmöglichkeit: Siehe Tour 36!
Gehzeiten: Parkplatz Burg Hartenstein – Vettersteig – Teufelsrast 1½–1¾ Std., Teufelsrast – Eichmayerhöhle – Parkplatz ½ Std.; Gesamtgehzeit 2–2¼ Std.
Anforderungen: Anspruchsvolle Tour für geübte Geher. Trittsicherheit, Schwindelfreiheit und Klettersteig-Erfahrung nötig. Bei Nässe abzuraten!
Höhenunterschiede: 200 m im An- und Abstieg.
Höchster Punkt: Teufelsrast, 640 m.
Einkehrmöglichkeiten: Keine.

Der Vereinigungspunkt (»Zwickl«) von Großer und Kleiner Krems nahe der Burg Hartenstein beeindruckt mit großartigen Felslandschaften. Die an der Talgabel aufragende Hochflächenerhebung »Teufelsrast« birgt an ihren Steilflanken einige gesicherte Kletterrouten, die sich gut zu einem Rundweg verbinden lassen. Dabei werden geschichtlich bedeutsame Höhlen berührt, die zu den ältesten Siedlungsgebieten in Österreich gehören.
Vom **Parkplatz** wie bei Tour 36 zum **Zwickl.** 50 m davor zweigt bei einem gebänderten Felsriegel der blau bez. **Vettersteig** nach links ab. Links des Felsens auf Steigspuren durch Wald sehr steil nach Norden aufwärts unter eine Felswand und dort über geneigte Platten (Drahtseil, Eisenklammern) schräg nach links hoch. Nun auf Steig durch Gestrüpp nach links queren, dann in Kehren unter den nächsten Aufschwung empor. Durch einen Kamin (Drahtseil) 3 m aufwärts und nach rechts zu einem Absatz am Ostkamm. Nach links in die bewaldete Nordseite und dort steil abwärts, dann in längerer Querung zu einer Verzweigung. Über eine 6 m hohe Leiter nach links hinauf zur höhlenartigen Nische der **Schusterlucke**.
Von der »Verzweigung« an der steilen Bergflanke nach links zu weiterer Teilung (links zur »Teufelsrast«) und dort eben zu einer dritten Gabelung. Links den gelb bez. Steig über eine 10 m hohe Wand (zwei Eisenleitern) aufwärts, dann kurze exponierte Rechtsquerung, zuletzt durch eine steile Runse (Drahtseile) empor zum engen Spalt der **Teufelskirche** inmitten einer senkrechten Wand. Zurück zur Abzweigung des gelb bez. Steiges auf die Teufelsrast. Auf ihm einen bewaldeten felsdurchsetzten Steilhang (Drahtseile) nach Norden hin-

auf zum Ostkamm. Über ihn, an der Linksabzweigung des Weges zur Eichmayerhöhle vorbei, aufwärts, später scharf rechts ab und in weit ausholendem Linksbogen nach Norden hoch zur Aussichtskanzel der **Teufelsrast**, 640 m. Zurück zur Abzweigung des blau bez. Weges zur Eichmayerhöhle. Vorerst einen Waldrücken, dann durch ein wildes Felslabyrinth abwärts zum mächtigen Felsüberhang des »**Steinernen Saales**« und weiter zum imposanten Eingang in die **Eichmayerhöhle**. Den blau bez. Steig nach Südwesten hinab zur Naturstraße im Tal der Kleinen Krems und auf ihr zurück zum **Parkplatz**.

Eingang zur Gudenushöhle.

38 Um den Moidramsberg

Eine Flußwanderung an Zwettl und Kamp

Zwettl – Syrafeld – Gschwendt – Gschwendtmühle – Schwarzalm – Zwettl

Talorte: Zwettl, 518 m, zentral gelegene Stadt im Waldviertel. Syrafeld, 537 m, Ort im Tal der Zwettl. Gschwendt, 603 m, Dorf südwestlich von Zwettl.

Ausgangspunkt: Der Hauptplatz im Zentrum von Zwettl.

Parkmöglichkeit: Im Stadtbereich Zwettl.

Gehzeiten: Zwettl – Syrafeld 1–1¼ Std., Syrafeld – Hotel Schwarzalm 1–1¼ Std., Hotel Schwarzalm – Zwettl 1 Std.; Gesamtgehzeit 3–3½ Std.

Anforderungen: Bequeme Wanderung auf meist gut bez. Wegen.

Höhenunterschiede: 220 m in An- und Abstieg.

Höchster Punkt: Wegstelle beim Dorf Gschwendt, ca. 610 m.

Einkehrmöglichkeiten: Gasthöfe und Restaurants in Zwettl. Hotel-Restaurant Schwarzalm (60 B., ganzj. geöffnet).

Variante: Die Wanderung kann ab Erreichen des Kamptales mit Tour 39 kombiniert und damit über die Utissenbachmühle bis nach Roiten ausgedehnt werden.

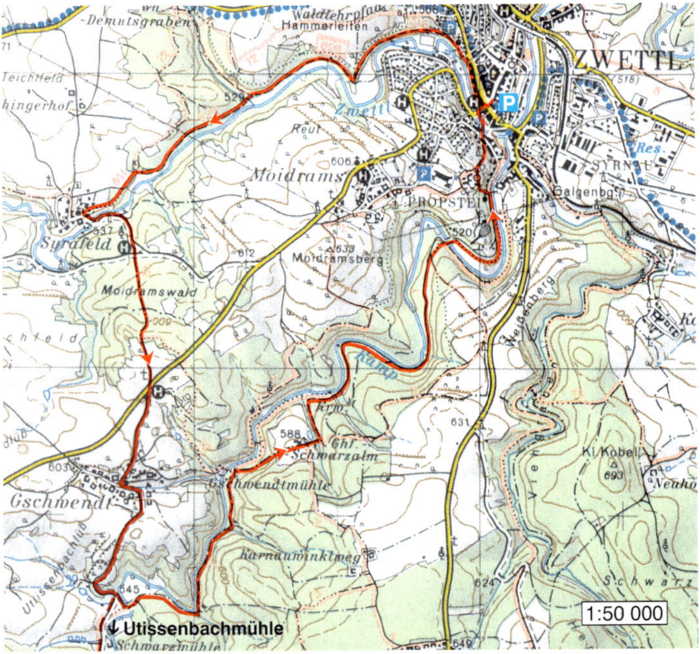

Von den Wanderungen im Umkreis der »Waldviertel-Hauptstadt« Zwettl sind jene durch die verträumten Täler des Zwettlbaches und des jungen Kamp die empfehlenswertesten. Mächtige Granitblöcke in skurrilen Formationen, romantische Mühlen im kühlen Talgrund und ein mit allen Annehmlichkeiten ausgestattetes Hotel-Restaurant sorgen für die nötige Abwechslung.

Aufgelassene Mühle im Kamptal oberhalb von Zwettl.

Vom **Hauptplatz in Zwettl** die Kueningerstraße südwestwärts hinab zum Zwettlbach und dort auf rot bez. Promenadenweg an der Stadtmauer entlang nach rechts, später auf Waldlehrpfad westwärts zur Rechtseinmündung eines Seitentales. Am Ufer der Zwettl weiter zum Dorf **Syrafeld**, 537 m, das man bei einem Sägewerk erreicht. Am Ortsbeginn auf Asphaltstraße nach links über den Bach und jenseits den Waldhang im weiten Bogen nach Süden aufwärts, dann auf rot bez. Weg durch den Moidramswald geradeaus hinauf zur Hochfläche. Am Waldrand nicht den rot bez. Weg nach links, sondern auf unbez. Feldweg, die Hauptstraße querend, geradeaus nach **Gschwendt**, 603 m.
Durch den Ort, dann auf Asphaltstraße nach Süden hinab zum **Kamp** und dort an das rechte Ufer (Brücke). Jenseits linkshaltend zunächst am Waldrand entlang, später auf schönem Uferweg durch das von Granitblöcken durchsetzte Waldtal in Nordostrichtung abwärts. Viel zu rasch erreicht man den Rückstau des Kamp bei der **Gschwendtmühle**. Auf gutem Weg nach rechts (Osten) hinauf zu dem auf schöner Wiese gelegenen **Hotel-Restaurant Schwarzalm**, 588 m.
Vom Hotel nach Norden abwärts zum Freischwimmbad und links einen Waldgraben hinunter zum **Kamp**, den man bei einem kleinen Kraftwerk erreicht. Nun auf Naturstraße am rechten Ufer talab zur Brücke beim Wasserwerk. An das linke Ufer, dort am Waldrand entlang nach rechts zum Freibad und weiter zu einer Marienkapelle. Links ab und auf steilem Fußweg nach Norden hoch auf den **Probsteiberg** mit Überblick über das Talbecken von Zwettl. Nun auf staubfreiem Weg (Kreuzwegstationen) nordwärts hinab in das Stadtgebiet von **Zwettl**.

39 Von Roiten zur Utissenbachmühle

Das Wandern ist des Müllers Lust ...

Roiten – Hahnsäge – Utissenbachmühle – Kreuzhof – Roiten

Talorte: Zwettl, 518 m, zentral gelegene »Hauptstadt« des Waldviertels. Roiten, 576 m, Erholungsdorf am Kamp östlich von Rappottenstein.

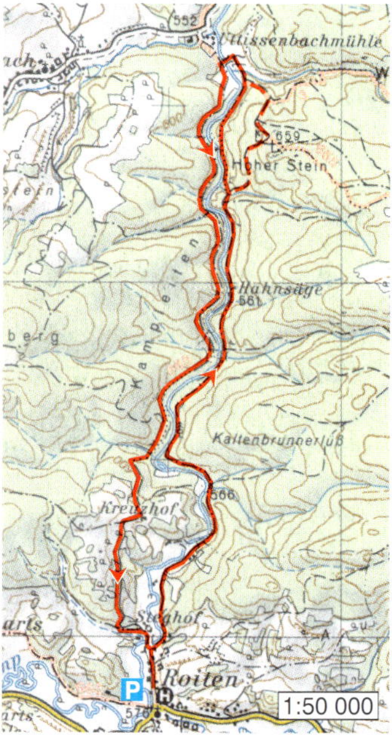

Ausgangspunkt: Das Dorfmuseum im Ortszentrum von Roiten.

Parkmöglichkeit: Ortsbereich Roiten.

Gehzeiten: Roiten – Utissenbachmühle 1–1¼ Std., Utissenbachmühle – Roiten 1½ Std.; Gesamtgehzeit 2½–2¾ Std.

Anforderungen: Einfache Wanderung auf bez. Wegen.

Höhenunterschiede: 210 m im An- und Abstieg.

Höchster Punkt: Wegpassage auf der Schulter beim Kreuzhof, ca. 640 m.

Einkehrmöglichkeiten: Gasthaus in Roiten. Unterwegs keine Einkehr!

Sehenswertes: Das interessante Dorfmuseum in Roiten, vom Künstler Friedensreich Hundertwasser gestaltet.

Variante: Von der Verzweigung nach der Hahnsäge lohnt eine Besteigung des Hohen Stein, 659 m. Auf bez. Waldweg steil nach Nordosten hoch zu einer Teilung, rechts hinauf zu einem Unterstand, dann eine geneigte Felsrunse (Eisenklammern, Trittsicherheit nötig!) 15 m empor zum Gipfel. Abstieg: Den bez. Weg in Richtung Weißenbachklamm nach Nordwesten hinab zu Fahrweg. Diesen links hinab zum Kamp und dort zur Brücke bei der Utissenbachmühle. Zusätzlicher Zeitaufwand ½ Std.

Das obere Kamptal, die Gegend zwischen Zwettl und Rappottenstein und besonders zwischen Roiten und Utissenbachmühle, ist wie geschaffen für beschauliches Wandern, für einen gemütlichen Familienausflug. Da gibt es bequeme Wege in unmittelbarer Nähe des lustig dahinplätschernden Baches, Badeplätze an Sandbänken zwischen glattgeschliffenen Felsrundlingen, geheimnisvolle Wassermühlen, eine anregende Gipfelbesteigung und das alles in einer vom breiten Touristenstrom noch weitgehend unangetasteten Landschaft!

Frühling am Kamp zwischen Roiten und Utissenbachmühle.

Vom **Dorfmuseum in Roiten** auf Asphaltstraße nordwärts zum Kamp und am rechten Flußufer zum Straßenende bei den letzten Häusern. Auf dem unmittelbar am Ufer entlang führenden Karrenweg in schöner Wanderung durch ein noch weitgehend intaktes Waldgebiet neben dem gemächlich zwischen Granitblöcken dahinglucksenden Kamp nach Norden zur **Hahnsäge**, 561 m, einem Refugium des berühmten österreichischen Malers Friedensreich Hundertwasser.
Von der Mühle stromabwärts weiter zu einer Verzweigung (rechts zum Hohen Stein). Auf breitem Weg am Fluß entlang weiter, später über Wiesen zur Kampbrücke und über sie zur aufgelassenen **Utissenbachmühle**, 552 m, am Westufer.
Von der Mühle vorerst auf bez. Feldweg, dann auf Steig durch Wiesen und Wald am Kamp entlang nach Süden, später hinauf zu dem auf einer Schulter gelegenen **Kreuzhof**. Nun auf Asphaltstraße nach rechts (Westen) aufwärts zu weiter Linkskurve, danach in Südrichtung abwärts zur Kampbrücke beim **Steghof** und auf bekanntem Weg zurück in das Ortsgebiet von **Roiten**.

40 Traunsteiner Rundweg

Zu Wackelsteinen und einschichtigen Bauernhöfen

Traunstein – Hengstberg – Mühlberg – Stein – Prettles – Traunstein

Talorte: Traunstein, 923 m, Markt im zentralen Waldviertel. Stein, 820 m, Dorf westlich von Traunstein.

Ausgangspunkt: Der Marktplatz im Zentrum von Traunstein.

Parkmöglichkeit: Großer Parkplatz neben dem Postamt in Traunstein.

Gehzeiten: Traunstein – Hengstberg 1–1¼ Std., Hengstberg – Stein 1 Std., Stein – Prettles ¾ Std., Prettles – Traunstein 1¼ Std.; Gesamtgehzeit 4–4¼ Std.

Anforderungen: Einfache, aber lange Wanderung auf bez. Fuß- und Güterwegen.

Höhenunterschiede: 300 m im An- und Abstieg.

Höchster Punkt: Traunstein, 923 m.

Einkehrmöglichkeiten: Gasthöfe in Traunstein und in Stein.

Sehenswertes: Der »Wachtstein« (948 m, kurzer gesicherter Steig) im Norden sowie der »Franzosenstein«, ein standfester »Wakkelstein« im Westen von Traunstein.

Auf den Hochflächen des Waldviertels erlebt man oft erstaunliche Veränderungen im Landschaftsbild. Wer etwa von Ottenschlag nach Traunstein fährt, kann beobachten, wie das einförmige Gneisplateau in ein lieblich kupiertes Granit-Hügelland übergeht. Inmitten dieses reizvollen Gebietes liegt auf weitschauender Anhöhe der einladende Markt Traunstein. Ein schöner Rundweg führt von dort durch dieses Mittelgebirge, vorbei an Granitbuckel und tonnenschweren »Wackelsteinen«, von denen sich manche sogar von Kindern schaukeln lassen, andere hingegen enorme »Standfestigkeit« besitzen.

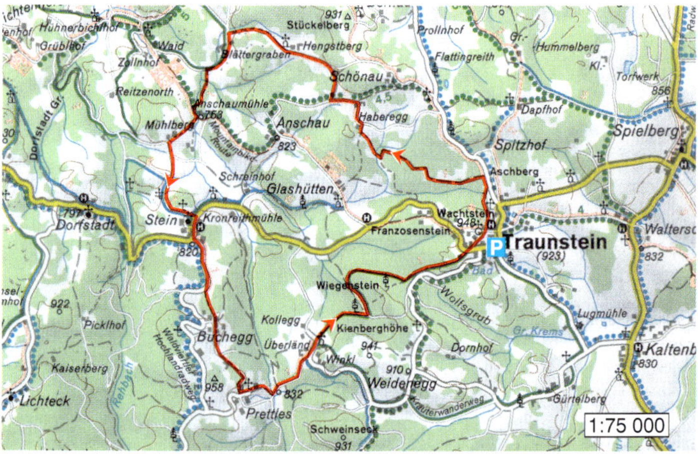

Der Franzosenstein am westlichen Ortsrand von Traunstein.

Vom **Marktplatz in Traunstein** den rot bez. Weg Nr. 1 nordwärts hinab zur Straße nach Aschen und diese nach 50 m zur Linksabzweigung einer Forststraße. Auf ihr, dann auf Fußweg westwärts in den **Anschaugraben** und jenseits hinauf zum **Hof Haberegg**. Auf Asphaltstraße nordwärts in eine Mulde (Hof) und dort die Straße 300 m nach links zu einem Hochstand. Rechts in den Wald zu einer Asphaltstraße. Diese links zum **Hof Hengstberg** und in einen Graben mit Bach. Links von ihm über schöne Wiese abwärts zu einer Asphaltstraße und diese links hinab zum **Hof Blättergraben**. Weiter abwärts zur Brücke über den **Anschaubach**, dort links ab und auf Fahrweg den Anschaugraben (Katarakte!) hinauf zu einem Querweg. Diesen links zum Bach (nicht weiter zur ehem. **Anschaumühle**!), dort den Weg nach rechts hoch zum **Hof Mühlberg** und auf Straße südwärts hinauf nach **Stein**, 820 m. Den Ort nach Süden aufwärts zu einer Kurve und auf Asphaltstraße (Weg Nr. 1) gerade fort zu einer Teilung. Den Fußweg geradeaus in den Wald und hinauf nach **Buchegg**. Die Straße eben in den Wald, dort auf Weg über eine Anhöhe hinweg nach **Prettles**. Links den bez. Weg über Wiesen nach Osten abwärts in den **Höllbachgraben**. Auf Naturstraße hinauf nach **Winkl** und **Überländ,** dort zur Rechtsabzweigung einer Forststraße und auf ihr nordostwärts in den Wald mit querender Straße. Diese am Kienberg entlang nach links abwärts, dann rechts ab zum **Wiegenstein**. Um den Berg herum zu einem Güterweg und links von ihm nordostwärts empor nach **Traunstein**.

41 Von Rappottenstein zur Wiesmühle

Fels- und Burgromantik an den Ufern des Kleinen Kamp

Rappottenstein – Burg Rappottenstein – Wiesmühle – Kleiner Kamp – Schütt – Rappottenstein

Talort: Rappottenstein, 671 m, Markt südwestlich von Zwettl.
Ausgangspunkt, Parkmöglichkeit: Der Hauptplatz von Rappottenstein.
Gehzeiten: Rappottenstein – Burg Rappottenstein ¾ Std., Burg Rappottenstein – Wiesmühle 1 Std., Wiesmühle – Rappottenstein 1¼ Std.; Gesamtgehzeit 3 Std.
Anforderungen: Unschwierige Wanderung auf bez. Fuß- und Fahrwegen.
Höhenunterschiede: 230 m im An- und Abstieg.
Höchster Punkt: Am Weg zwischen Burg Rappottenstein und Ebenöd, ca. 760 m.
Einkehrmöglichkeiten: Gasthöfe in Rappottenstein. Burgschenke Rappottenstein (keine Nächtigung; zu Ostern sowie an Wochenenden und Feiertagen von 15. bis 30. April und im Okt. geöffnet; durchgehende Öffnung von 1. Mai bis 30. Sept. tägl. außer Mo. 10.00 – 20.00 Uhr).
Sehenswertes: Die Burg Rappottenstein. Die »Schütt«, ein Blockmeer, das der Kleine Kamp auf einige hundert Meter durchfließt.

Die Gegend um Rappottenstein und Pretrobruck gehört mit ihren Granitfelsen und Kuppen zu den schönsten Gebieten des Waldviertels. Wer die hier beschriebene Tour mit spiel- und abenteuerlustigen Kindern unternimmt, braucht sich um ein Unterhaltungsprogramm nicht kümmern! Da gibt es die romantische Schluchtstrecke des Kleinen Kamp, in dessen Wassern sich's an heißen Tagen bekömmlich baden läßt. Dann die mittelalterliche Burg Rappottenstein, die unbedingt eine Führung verdient und in deren Umgebung richtige »Waldläufer« nach Winnetou und Old Shatterhand Ausschau halten, ja vielleicht sogar finden!

Vom **Hauptplatz in Rappottenstein** auf Ortsstraße südostwärts zur Abzweigung von Weg Nr. 4, 612 und 665. Auf ihm aus dem Ort zum Granitblock **»Opferstein«**, dann im Wald hinab in das Tal des **Kleinen Kamp** und links zu idyllischer Waldwiese (Granitblöcke, Sitzgarnitur). Über den Bach (Steg) zu

einer Forststraße und diese nach rechts zu einer Teilung. Links den Weg Nr. 5, 5A, 612 und 665 durch Wald, dann über Wiesen südostwärts hinauf zu einem Sattel und links zur **Burg Rappottenstein**, 701 m.
Vom erwähnten Sattel auf Straße südostwärts zum Burg-Parkplatz. Dort rechts auf Forststraße nach Süden aufwärts zu einem Bildstock und in die Mulde beim **Schloßhof**. Hinauf zur Wiese beim **Fischerhäusl** und an ihrem Oberrand empor (Blick zur Burg!), dann im Wald eben zur Teilung. Rechts einen Fahrweg vorerst in West-, dann in Südrichtung abwärts zu einer Wiese (Granitblöcke, Birken) und über sie zum **Hof Ebenöd**. Nun nach Südwesten hinab zur **Wiesmühle**, 645 m, im weiten Talboden des Kleinen Kamp.
Den Weg Nr. 4 und 5A rechts vom Bach über eine ebene Wiese nach Nordosten, dann im engen Waldtal zur **»Schütt«**, wo der Kamp vorübergehend unter Felsblöcken verschwindet. Im Tal weiter zur Brücke an das linke Ufer. Nicht über sie zur **Ödmühle,** sondern vor (!) der Brücke rechts ab und auf bez. Fahrweg weiter, dann über einen Steg an das linke Ufer und dort zur »idyllischen Waldwiese«. Nun auf bekanntem Weg nach **Rappottenstein**.

Die Burg Rappottenstein von der Ödmühle.

42 Höllfall und Lohnbachfall

Landschaftsjuwele im Granit-Waldviertel

Lohn – Lohnbachfall – Pretrobruck – Höllfall – Brunn – Lohnhöhe – Lohn

Talorte: Schönbach, 731 m, Markt im zentralen Waldviertel. Lohn, 740 m, Weiler 4 km nördlich von Schönbach. Pretrobruck, 775 m, Dorf westlich von Rappottenstein.
Ausgangspunkt: Die Kirche im Ortszentrum von Lohn.
Parkmöglichkeit: Im Ortsbereich von Lohn.
Gehzeiten: Lohn – Pretrobruck 1¼–1½ Std., Pretrobruck – Höllfall ½ Std., Höllfall – Brunn 1 Std., Brunn – Lohn 1¼ Std.; Gesamtgehzeit 4–4¼ Std.
Anforderungen: Im Bereich des Lohnbachfalls sind Trittsicherheit und Schwindelfreiheit nötig, sonst leichte Wanderung auf bez. Wegen und Straßen.
Höhenunterschiede: 380 m im An- und Abstieg.
Höchster Punkt: An der Kreuzung mit Bundesstraße Nr. 124 nahe Brunn, ca. 830 m.
Einkehrmöglichkeit: Ghf. Seidl in Pretrobruck (34 B.; ganzj. geöffnet, Mo. Ruhetag), sonst keine Einkehr!
Sehenswertes: Die Kataraktstrecke des Höllfalls. Der über mächtige Granitquader herabstürzende Lohnbachfall. Der reizvolle Weiler Brunn (malerisches Kirchlein!).

Herbstmorgen am »Zeller Weg« im Höllgraben, nahe der romantischen Kataraktstrecke des Höllfalls.

Der Einzugsbereich des Kleinen Kamp gehört seiner starken Gliederung wegen zu den alpenähnlichsten Gegenden der böhmischen Masse. Sein Kernbereich, die Gegend um Pretrobruck, birgt wahre Juwele landschaftlicher Schönheit. So ist der vorliegende Rundweg zu Höll- und Lohnbachfall eine besondere Empfehlung wert. Und auch Kinder werden begeistert sein, sorgen doch mächtige Granitfelsen, Spielwiesen, sprudelnde Bäche, Katarakte, Wasserfälle, ja sogar ein Miniatur-Klettersteig für Abwechslung und Spannung im gesamten Verlauf.

Von **Lohn** die Straße zur Lohnmühle nach Nordosten zu einer Teilung. Links auf Fahrweg hinab zum Lohnbach und zur Straße Schönbach – Pehendorf. Links ab und auf Güterweg den **Lohnbachgraben** westwärts talein, später durch Wald hinauf zum **Lohnbachfall**. Auf bez. Steig rechts von ihm (Geländersicherung, Holztreppen) steil hoch zur **»Steinernen Stube«** (Felsspalt zwischen Granitblöcken) und weiter zur Wiese beim **»Zeller Steg«** (Wallfahrerweg nach Mariazell) über den Lohnbach. Dort den Weg Nr. 2 und 4 rechts

hinauf zu den Feldern der »Kreuzlüsse«, dann am »**Froschstein**« vorbei nach **Pretrobruck**, 775 m.
Vom **Ghf. Seidl** den »Güterweg Höllmühle« (Nr. 1) nordwestwärts über Wiesen zur Linksabzweigung des Fahrweges Nr. 1 (»**Zeller Weg**«) in den Höllgraben. Den Graben links der Kataraktstrecke des **Höllfalls**, an Granitfelsen vorbei, nach Südwesten hoch zu einer Forststraße und diese links zu einer Teilung. Über Wiesen geradeaus hinauf zur Straße Rappottenstein – Arbesbach und jenseits auf Güterweg (Nr. 8) hinab nach **Brunn**. Die Straße im Rechtsbogen hinunter in eine Mulde und dort südwärts zu einer Teilung. Links zum **Sägewerk Brunnmühle,** dann über den Lohnbach zur nächsten Gabelung. Links den Weg Nr. 2 nach Osten aufwärts zu einem Sattel, danach über Felder zur Teilung bei einem Teich. Links im Lohnbachgraben zur Verzweigung beim »**Zeller Steg**«. Rechts vom Bach (!) weiter, dann südostwärts hinauf zum »**Steinernen Brünnl**« (wassergefüllter Schalenstein) und über die Wiesen der **Lohnhöhe** (Kapelle) nach **Lohn**.

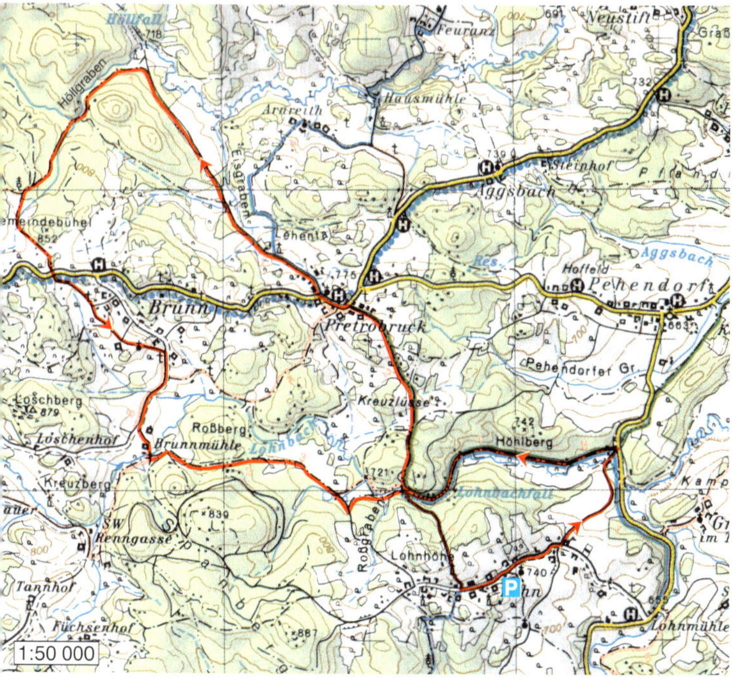

43 Rings um Hardegg

Grenzenlose Natur entlang der Thaya

Hardegg – Thayatal – Ruine Kaja – Merkersdorf – Hardegg

Talorte: Hardegg, 309 m, Stadt an der Thaya nahe der tschechisch-österreichischen Grenze. Merkersdorf, 406 m, auf einer Hochfläche südlich von Hardegg.
Ausgangspunkt, Parkmöglichkeit: Parkplatz beim Stadtturm in Hardegg.
Gehzeiten: Hardegg – Ruine Kaja 2½–3 Std., Ruine Kaja – Merkersdorf ½ Std., Merkersdorf – Hardegg ¾ Std.; Gesamtgehzeit 3¾–4¼ Std.
Anforderungen: Lange, anstrengende Wanderung. Trittsicherheit nötig.
Höhenunterschiede: 280 m im An- und Abstieg.
Höchster Punkt: Am Merkersdorfer Feld, 430 m.
Einkehrmöglichkeiten: Gasthöfe in Hardegg und Merkersdorf. Sonst keine Einkehr!
Sehenswertes: Die unberührten Wiesen und Auen an der Thaya. Die gewaltige Festung Kaja (vom 1. Mai bis 26. Okt. an Wochenenden geöffnet).
Varianten: Von Hardegg Ausflug über den Reginafelsen auf das Maxplateau (400 m) sowie zur Hardegger Warte (419 m) in Tschechien. Zeitaufwand je 1½ Std. Von der Verzweigung nach dem Gabrielensteig kann auf bez. Karrenweg der im Norden über einer Flußschlinge aufragende Einsiedlerfels besucht werden. Zeitaufwand ¾ Std.

Die lange Zeit praktisch unpassierbare Grenze zwischen Österreich und Tschechien hat das Tal der Thaya zum »Ende der Welt«, aber auch zu einem Paradies für Pflanzen und Tiere werden lassen. Die bis vor kurzem noch vernachlässigten Auen und Steilufer sind nach Abbruch des Eisernen Vorhanges zu einem beliebten Ausflugsziel der Menschen beiderseits der Grenze geworden. Von Hardegg aus läßt sich das romantische Tal mit seinen Burgen und Ruinen auf lohnenden Wanderwegen erkunden. Über zu wenig Natur wird man sich dabei nicht zu beklagen haben!
Vom **Parkplatz beim Stadtturm** nach Nordosten hinab zum Hauptplatz und weiter zur Thayabrücke. Dort den rot. bez. Steig direkt am rechten Flußufer entlang nach Osten, später den **Gabrielensteig** steil hinauf zu einem Waldrücken und weiter aufwärts zu einer Verzweigung.

Die mächtige Burg Hardegg, Grenzfeste an der Thaya.

Hier geradeaus weiter und eine Waldflanke hinab zur Thaya. Dort auf bez. Steig rechts vom Fluß vorerst über Wiesen, dann am steil abfallenden Ufer über Wurzeln und Felsen etwas mühsam stromabwärts zur Verzweigung bei mehreren Fischerhütten. Steil nach rechts empor zum Sattel vor dem **Umlaufberg**. Jenseits eine Felsrinne nach Süden hinunter zu einem Karrenweg und diesen an der Thaya entlang zur Mündung des **Kajabachgrabens**. Durch ihn nach Südwesten aufwärts, dann in großer Kehre empor zur **Ruine Kaja** (Besichtigung!).
Von der Burg auf Fahrweg nach Westen abwärts zu einem Parkplatz, dann auf Straße im Graben hinauf nach **Merkersdorf**, 406 m, und dort zur Straße Retz – Hardegg. Auf ihr rechts haltend über eine Hochfläche, an den Bildstöcken der »Langen Marter« und der »Kurzen Marter« sowie am **Nationalparkzentrum Hardegg** vorbei, zur Linkskurve vor dem Steilabfall gegen das Thayatal. Auf Fußweg (»Kirchensteig«) geradeaus weiter und in Nordrichtung hinab zum **Stadtturm von Hardegg**.

44 Von Eibenstein zur Ruine Kollmitz

Zur stolzesten Feste des Thayatales

Eibenstein – Kollmitzdörfl – Klinger-Mausoleum – Ruine Kollmitz – Kollmitzgraben – Haidlmühle – Pfinnigsteigmühle – Eibenstein

Talorte: Eibenstein, 407 m, Ort an der Thaya zwischen Drosendorf und Raabs. Kollmitzdörfl, 489 m, auf einer Hochfläche südwestlich von Eibenstein. Kollmitzgraben, ca. 390 m, Dorf im Thayatal.
Ausgangspunkt: Die auf einem Hügel stehende Kirche von Eibenstein.
Parkmöglichkeit: Parkplätze im Ortsbereich von Eibenstein.
Gehzeiten: Eibenstein – Kollmitzdörfl 1½ Std., Kollmitzdörfl – Kollmitzgraben 1 Std., Kollmitzgraben – Eibenstein 2–2¼ Std.; Gesamtgehzeit 4½–4¾ Std.
Anforderungen: Einfache, aber lange Wanderung. Trittsicherheit nötig!
Höhenunterschied: 250 m im An- und Abstieg.
Höchster Punkt: Klinger-Mausoleum, 520 m.
Einkehrmöglichkeiten: Gasthöfe in Eibenstein, Jst. Ruine Kollmitz (keine Nächtigung; Mai, Juni und Sept. Sa. und So., Juli und August tägl. geöffnet).
Hinweis: Man kann die Tour von Kollmitzdörfl über den Jungfernstein bis nach Raabs fortsetzen. Rückweg über den Thaya-Kamp-Weg und Sauggern nach Kollmitzgraben. Zusätzlicher Zeitaufwand 3 Std.

Das Thayatal stellt mit seinen romantischen Burgen und der meist noch intakten Natur einen bedeutenden Erholungsraum im Norden Niederösterreichs dar. Was liegt näher, als es auf Schusters Rappen kennenzulernen. Das über dem Tal thronende Mausoleum der Freiherren von Klingerstorff, die durch eine mächtige Mauer – eine Art Chinesische Mauer – geschützte Ruine Kollmitz und der abwechslungsreiche »Historikersteig« am Thaya-Ufer sind Höhepunkte dieser Tour.

Der wuchtige Bergfried über dem Innenhof der ausgedehnten Ruine Kollmitz im Thayatal.

Von der **Kirche in Eibenstein** südwestwärts hinab zur Thaya. Rechts von ihr den Güterweg stromaufwärts zu einem Forsthaus, dann im Wald weiter zu einer Linkskehre. Dort rechts ab und auf bez. Karrenweg nach Norden hinauf zum **»Silbersteig«**. Auf dem Forstweg nach links (Westen) vorerst im Wald, dann über Felder durch die Mulde südlich des Kollmitzberges (mit Sender) zu einem Sattel und jenseits hinab nach **Kollmitzdörfl**, 489 m. Beim ersten Haus links ab und auf Güterweg südwärts in den Wald zu einer Verzweigung. Links auf bez. Karrenweg zu dem hoch über der Thaya gelegenen **Mausoleum der Freiherrn von Klingerstorff**, 520 m, das anläßlich einer Familientragödie der Raabser Burgherrn 1926 erbaut wurde. Zurück zur erwähnten Verzweigung und dort den Fahrweg nach links (Süden) abwärts zur »Böhmischen Mauer« und zu den Resten der **Ruine Kollmitz**.
Auf Asphaltstraße hinab nach **Kollmitzgraben**, ca. 390 m, und über die Thaya. Am rechten Ufer die Straße nach links (Osten) zum Sattel beim Hadlitzberg und jenseits hinab zur **Haidlmühle**, 387 m, an der Thaya. Den **»Historikersteig«** nordostwärts vorerst über Wiesen, dann am Ufer (Geländer) entlang und hinauf zu einer Anhöhe. Jenseits wieder hinab zum Fluß und dort durch die bewaldeten Steilhänge der **Kirchleiten** aufwärts in ein Waldtal. Dieses hoch zu einem Forstweg und auf ihm zum Hochflächenrand. Nun auf Steig steil hinunter in den **Brunngraben** und nach links zur Thaya mit der **Pfinnigsteigmühle**, 386 m. Am Ufer über Wiesen, dann den Hang entlang aufwärts und am folgenden Waldrücken weiter, zuletzt hinab zu einer Straße und diese linkshaltend nach **Eibenstein**.

45 Johannesberg, 839 m, und Steinerne Stube, 786 m

Mit der Wünschelrute unterwegs

Großschönau – Harmannstein – Johannesberg – Steinerne Stube – Großschönau

Talorte: Großschönau, 681 m, Marktgemeinde an der Europäischen Wasserscheide im westlichen Waldviertel. Harmannstein, 730 m, südwestlich von Großschönau.
Ausgangspunkt, Parkmöglichkeit: Der Marktplatz in Großschönau mit Parkplätzen.
Gehzeiten: Großschönau – Johannesberg 1¼–1½ Std, Johannesberg – Steinerne Stube 1–1¼ Std., Steinerne Stube – Großschönau ¾ Std., Gesamtgehzeit 3–3½ Std.
Anforderungen: Einfache Wanderung auf guten Wegen.
Höhenunterschied: 300 m im An- und Abstieg.
Höchster Punkt: Johannesberg, 839 m.
Einkehrmöglichkeiten: Gasthöfe in Großschönau. Unterwegs keine Einkehr!
Hinweis: An der hier beschriebenen Wanderstrecke liegen über 100 geologische Störzonen und Wasseradern (Informationstafeln). In Großschönau Verleih von Wünschelruten!

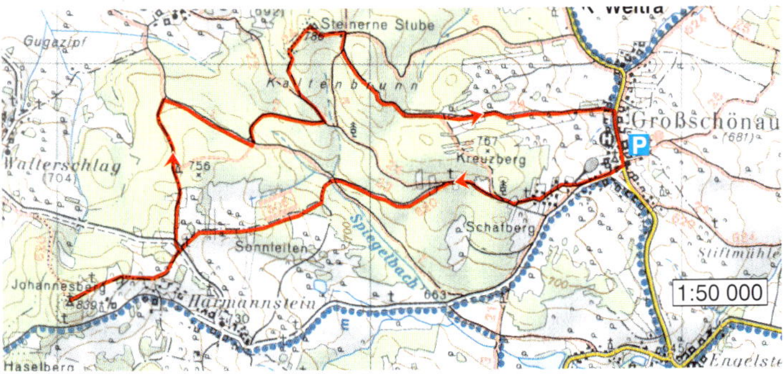

Die Umgebung von Großschönau gilt wegen ihrer landschaftlichen Schönheiten und der vielfältigen Tourenmöglichkeiten als eines der Wanderparadiese des Waldviertels. Wer den hier gewürdigten »Wünschelrutenweg« auf den Johannesberg begeht, kann dabei manch interessante, bisher unbeachtete Naturphänomene entdecken. Gegen Ende des Unternehmens gelangt man zur Steinernen Stube, ein gewaltiger Fels-Trümmerhaufen, ein Spielplatz sagenhafter Riesen, fernab vom Trubel, inmitten dichter Wälder.
Vom **Marktplatz in Großschönau** die Ortsstraße, am Bioenergetischen Trainingszentrum vorbei, nach Südwesten aufwärts, dann auf Asphaltstraße durch eine Siedlung nach rechts empor zu einem Güterweg. Diesen rechts-

Die im Wald verstreut liegenden Felsklötze der »Steinernen Stube«.

haltend zu einem Steinkreuz (14. Jh.) am Südabhang des Kreuzberges und weiter zu einer Teilung. Links auf Forststraße durch Wald in Südwestrichtung abwärts zu einer Verzweigung im **Spiegelbachgraben**. Auf rot bez. Weg links hinab zum Bach und jenseits die Waldflanke hoch zu einer Forststraße. Diese rechtshaltend vorerst im Wald, dann durch die Streifenfluren der **Sonnleiten** hinauf zu querender Asphaltstraße. Den Güterweg gegenüber nach Südwesten hoch, später eben zu den ersten Häusern von **Harmannstein**, 730 m. Nicht in das Ortszentrum, sondern rechts ab und am Wiesenrain entlang nach Westen hinauf zu einem Feldweg. Auf ihm am Bergrücken weiter, zuletzt steil empor zum Gipfel des **Johannesberges** (839 m; Kirche, verschütteter Brunnen, Schalensteine, Unterstand).
Zurück zur »Asphaltstraße«. Dort auf Fahrweg schräg nach links (Norden) in Richtung Oberwindhag abwärts zu einer Verzweigung (Steinkreuz). Auf Forstweg scharf nach rechts (Südosten) empor zu neuerlicher Teilung. Linkshaltend zu staubfreier Straße und diese nach links zur Rechtsabzweigung eines Waldweges. Auf ihm nach Norden empor zum Felslabyrinth der **Steinernen Stube**, 786 m.
Auf bez. Weg nach Osten hinab zu einer Verzweigung (Unterstand). Rechts eine Forststraße durch das Waldgebiet »Kaltenbrunn« vorerst in Süd-, dann in Ostrichtung abwärts, schließlich über Felder und Wiesen zur Bundesstraße 119 und diese rechtshaltend nach **Großschönau**.

46 Kleiner Semmering

Genußtour mit Dampfbahnromantik an der Europäischen Wasserscheide

Bhf. Steinbach – Bad Großpertholz – Steinbachgraben – Kleiner Semmering – Bruderndorf – Stierberg – Langschlag

Talorte: Bad Großpertholz, 714 m, Markt und Moorbad im westlichen Waldviertel. Steinbach, 628 m, Dorf östlich von Bad Großpertholz. Bruderndorf, 777 m, südöstlich des Kleinen Semmering. Langschlag, 765 m, Markt bei Großgerungs.
Ausgangspunkt, Parkmöglichkeit: Bhf. Steinbach-Großpertholz, ca. 625 m, 2 km nordöstlich von Großpertholz im Lainsitztal.
Gehzeiten: Bhf. Steinbach – Bruderndorf 2¼–2¾ Std.; Bruderndorf – Langschlag 1½ Std.; Gesamtgehzeit 3¾–4¼ Std.
Anforderungen: Einfache Wanderung auf guten Wegen. Ausdauer nötig!
Höhenunterschiede: 350 m im Anstieg, 210 m im Abstieg.
Höchster Punkt: Bruderndorfer Sattel, ca. 800 m.
Einkehrmöglichkeiten: Gasthöfe in Großpertholz und Langschlag.

Die Mitte des 19. Jh. geschaffene Semmeringbahn von Gloggnitz nach Mürzzuschlag machte diesen Übergang so populär, daß der Name »Semmering« bald stellvertretend für bahnerschlossene Paßhöhen wurde. Der Bruderndorfer Sattel an der Waldbahn von Großpertholz nach Langschlag erhielt solcherart den Beinamen »Kleiner Semmering«. Die hier gewürdigte Wanderroute folgt ebenfalls dieser Strecke, in den Genuß der Bahnfahrt kommen Begeher allerdings erst auf der Rückreise.
Vom **Bhf. Steinbach** auf Straße südwärts zu den Häusern von **Steinbach**, 628 m. Dort nach links über die Bundesstraße 41, dann rechts ab und den Feldweg Nr. 84 hinauf nach **Großpertholz,** 714 m. Durch den Ort aufwärts zur Linksabzweigung einer Asphaltstraße (Weg Nr. 608). Auf ihr, dann auf Feldweg einen Graben nach Süden empor zu einem Wiesenrücken. Nach Südosten hinab zur Forststraßen-Verzweigung im **Steinbachgraben**. Geradeaus über den Bach und nach rechts (Süden), später die linke Grabenflanke empor zu einer Forststraße und diese scharf nach links zu großer Wiese. Über sie aufwärts zum **Steinhof** und weiter zum Gleis der Schmalspurbahn mit querendem Weg danach. Auf ihm an den Hängen des Sonnleitenberges nach rechts aufwärts zum **Bruderndorfer Sattel** (Europäische Wasserscheide, ca. 800 m) und jenseits über Wiesen nach **Bruderndorf**, 777 m.
Nicht durch den Ort, sondern nördlich von ihm zur Straße Bruderndorf – Nonnberg und diese linkshaltend zum Ortsende. Rechts ab und auf Weg Nr. 55 ostwärts über eine Kuppe hinweg, dann durch Wiesen abwärts unter den Stierberg. Im Wald südlich um ihn herum, danach auf Fahrweg zu einer

Mit Volldampf über den Bruderndorfer Sattel.

4

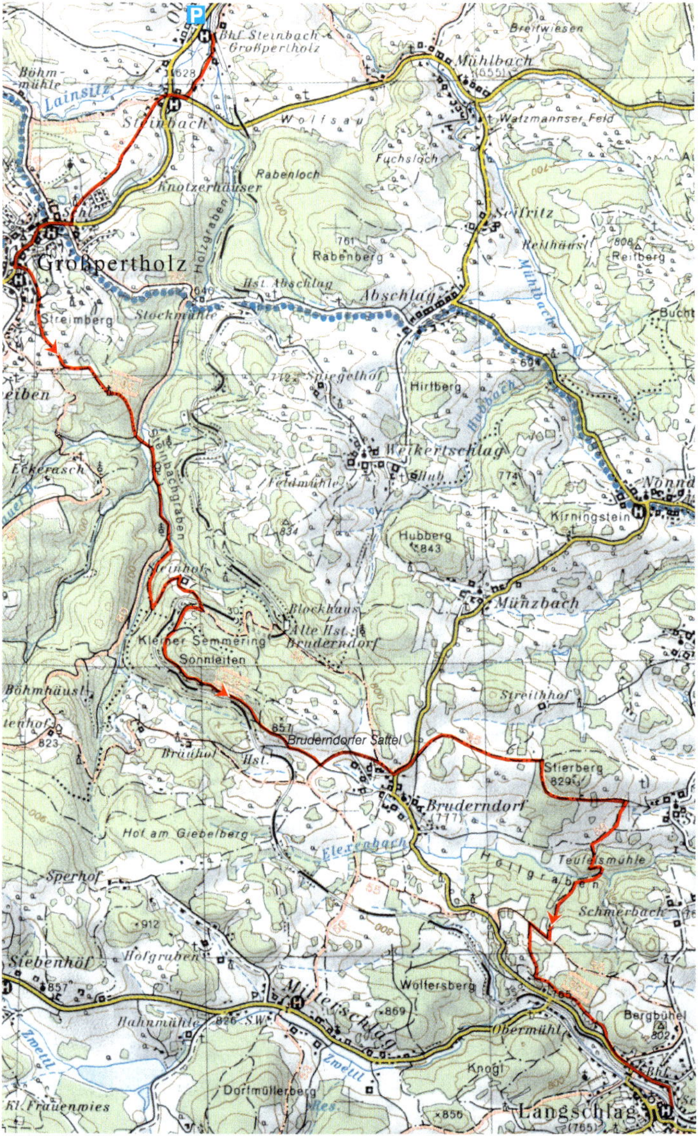
Bhf. Steinbach-Großpertholz
Breitwiesen
Mühlbach
(655)
Böhmmühle
628
Lainsitz
Steinbach
Wolfsau
Watzmannser Feld
Fuchsloch
Rabenloch
Knotzerhäuser
Holzgraben
Seifritz
761
Rabenberg
Reithäusl
808
Reitberg
Großpertholz
Hst. Abschlag
Abschlag
640
Stockmühle
Mühlbach
Streimberg
Spiegelhof
Hirtberg
694
Weikertschlag
Eckerasch
Feldmühle
774
Kirningstein
834
Hubberg
843
Steinhof
Münzbach
Blockhaus
Alte Hst.
Bruderndorf
Kleiner Semmering
Sonnleiten
Streithhof
Böhmhäusl
823
857
Bruderndorfer Sattel
Bräuhof
Hst.
Stierberg
829
Bruderndorf
(771)
Hof am Giebelberg
Elexenbach
Teufelsmühle
Höllgraben
Sperhof
Schmerbach
912
Holfgraben
Siebenhöf
857
Mitterschlag
Wolfersberg
869
Hahnmühle
826
Obermühl
Bergbühel
802
Zwettl
Knogl
Dorfmüllerberg
Kl. Frauenwies
856
Langschlag
(765)

Herbst im Steinbachgraben.

Baumgruppe noch vor dem Weiler **Stierberg**. Nach rechts in den Wald und dort abwärts zu den Felsen der **Teufelsmühle**, danach in den dunklen **Höllgraben**. Über den **Elexenbach** und jenseits hinauf zu einer Forststraße. Auf ihr kurz nach rechts, dann links auf gutem Weg (Nr. 608) am Waldhang in Südostrichtung hinunter nach **Langschlag**, 765 m.

Rückfahrt mit der **Waldviertler Schmalspurbahn** (Züge zwischen 6.01 und 17.08 Uhr mehrmals täglich) zum **Bhf. Steinbach**. Vom 1. Mai bis 26. Oktober verkehren an Wochenenden und Feiertagen auch Dampflokomotiven!

47 Nebelstein, 1017 m

Durch das »Tal des Friedens« zum Gipfel

Harmanschlag – Friedental – Althütten – Nebelstein – Rörndlwies – Harmanschlag

Talorte: Bad Großpertholz, 714 m, Markt und Moorbad im westlichen Waldviertel. Harmanschlag, 740 m, Streusiedlung in einer Wiesenmulde südlich des Nebelstein.
Ausgangspunkt: Bei der Brückenwaage im südl. Ortsbereich von Harmanschlag.
Parkmöglichkeit: Parkplätze im Ortsgebiet von Harmanschlag.
Gehzeiten: Harmanschlag – Friedental – Nebelstein 1–1½ Std., Nebelstein – Rörndlwies – Harmanschlag 1¼–1½ Std.; Gesamtgehzeit 2¼–3 Std.
Anforderungen: Einfache Wanderung auf gut bez. Wegen.
Höhenunterschied: 500 m im An- und Abstieg.
Höchster Punkt: Nebelstein, 1017 m.
Einkehrmöglichkeiten: Gasthöfe in Harmanschlag. Nebelsteinhütte (10 B, 38 L.; Ostern bis 31. Okt. u. Weihnachten offen).

Der Nebelstein, nicht höchster, aber bedeutendster Gipfel des nördlichen Waldviertels, ist Kreuzungspunkt der großen Weitwanderwege quer durch Europa. Es kommen aber nicht nur Streckenwanderer auf ihre Rechnung,

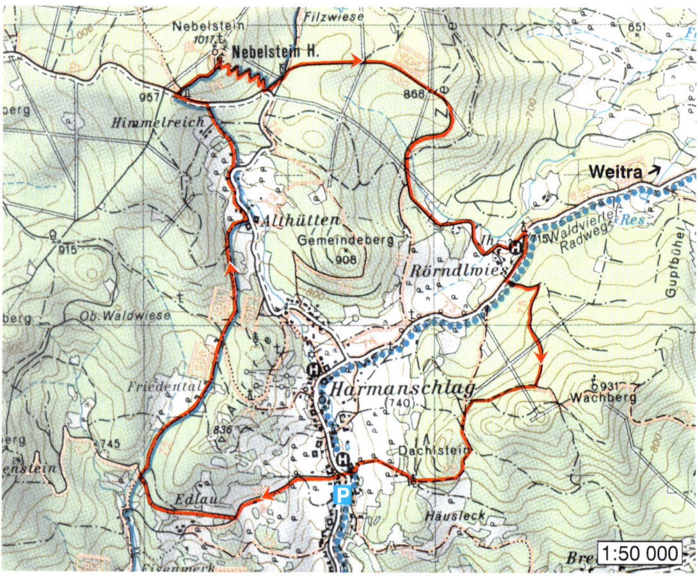

auch der Tagestourist kann den Berg auf lohnenden, nirgends anstrengenden Routen besteigen. Und auf seinem Scheitel warten als Attraktionen eine komfortable Schutzhütte des ÖAV und ein aus mächtigen Quadern aufgetürmter Gipfelfels mit wunderschönem Panorama über Waldviertel und Südböhmen.

Die Streusiedlung Harmannschlag liegt verträumt in einer weiten Wiesenmulde am Südabhang des Nebelstein.

Von der **Brückenwaage in Harmanschlag** den rot bez. Güterweg Nr. 74 nach Westen aufwärts zu einem Wiesenrücken. Jenseits eine Mulde abwärts und wieder hoch zu einer Teilung. Rechts vorerst über Wiesen, dann durch Wald zum querenden Karrenweg Nr. 605 und 608. Auf ihm rechtshaltend hinauf zur idyllischen Wiesenmulde **Friedental**. An alten Bauernhäusern vorbei nordwärts wieder in den Wald und dort auf gutem Weg (Rechtseinmündung des direkten Zuganges von Harmanschlag) zu einer Wiese, danach kurz abwärts nach **Althütten**. Auf Straße durch die Streusiedlung hinauf zu einer Rechtskurve und dort im Wald gerade weiter zur Nebelsteinstraße. Auf ihr 200 m nach links zu einem Großparkplatz und dort auf Karrenweg nach rechts empor zur **Nebelsteinhütte**, 1015 m. Hinter der Hütte befindet sich der über eine Stiege erreichbare mächtige Gipfelfels des **Nebelstein** (1017 m; Gipfekreuz).

Von der Hütte auf bez. Serpentinensteig über Granitblöcke und durch Wald steil nach Südosten hinunter auf ein Plateau (Hochmoor) und wieder zur Nebelsteinstraße. Von ihr gleich wieder links ab und auf Forststraße nordostwärts zu einer Teilung. Dort rechts die Straße mit Weg Nr. 620 ostwärts bergab, dann in weiten Bögen nach Südosten hinunter nach **Rörndlwies**, 715 m. An den Höfen vorbei und nach Osten aufwärts zu querender Asphaltstraße (Kapelle, Bushalt). Diese 200 m nach rechts (Süden) sanft aufwärts zur Linksabzweigung des rot bez. Karrenweges Nr. 73 und 75. Auf ihm durch Wald nach Osten steil hinauf zu einer Forststraße und diese rechtshaltend gegen den Dachlstein aufwärts zu einer Linkskehre. Dort rechts ab und auf Waldweg südwärts hinauf zum Sattel zwischen Wachberg und Dachlstein. Jenseits linkshaltend abwärts, dann im Rechtsbogen nach Westen, schließlich über Wiesen hinab nach **Harmanschlag**.

48 Mandlstein, 874 m

Auf dem »Erlebnisweg« über den Hausberg der Gmündner

Heinrichs – Kuttlring – Hut – Mandlstein – Würgelhäusl – Heinrichs

Talorte: Gmünd, 485 m, Stadt an der tschechisch-österreichischen Grenze. Heinrichs bei Weitra, 588 m, Dorf am Nordostfuß des Mandlstein.
Ausgangspunkt: Der Ghf. Stangel im Ortszentrum von Heinrichs.
Parkmöglichkeit: Im Ortsgebiet von Heinrichs.
Gehzeiten: Heinrichs – Mandlstein 2¼–2¾ Std, Mandlstein – Heinrichs 1¾–2 Std; Gesamtgehzeit 4–4¾ Std.
Anforderungen: Einfache, aber lange Wanderung auf gut bez. Wegen.
Höhenunterschied: 350 m im An- und Abstieg.
Höchster Punkt: Mandlstein, 874 m.
Einkehrmöglichkeiten: Ghf. Stangel in Heinrichs (keine Nächtigung, ganzj. geöffnet). Unterwegs keine Einkehr!

Die Felsburgen an Mandlstein, Kuttlring und Schinderberg, der Weg der Diebe (»Diabsweg«) entlang der tschechisch-österreichischen Grenze, das Hölltor, das in der Einschicht stehende Haus des Henkers (»Würgelhäusl«) – dies sind nur einige der Sehenswürdigkeiten am »Erlebnisweg« über den Mandlstein. Als Rundtour vorbildlich angelegt und markiert, gibt er dem Wanderer Einblick in Natur und Kultur dieses Grenzlandes zu Böhmen, dort, wo einst die freie Welt zu Ende war und man das drüben liegende nur vom Hörensagen oder durch den Feldstecher kannte.

Vom **Ghf. Stangel in Heinrichs** die Dorfstraße nordostwärts hinab zum Friedhof am Ortsrand. Dort auf Güterweg nach rechts, kurz danach wieder links ab und auf Fußweg nach Norden zu einer Felsgruppe (**Rutschstein**, **Frauenschuh**). Den bez. Weg über Wiesen und durch Wald, am ehem. **Kühmeier Teich** vorbei, weiter aufwärts zur Straße Heinrichs – Weitra und jenseits zum **Schillingstein**. Einen Waldweg nach Süden hinauf zu den Felsblöcken der **Steinmetze** und danach auf den **Kuttlring** (auch »Kudelring«, 752 m), einer Felsgruppe mit Wollsackverwitterung. Am eigenartigen Gebilde eines **»Doppelwackelsteins«** vorbei nun in Westrichtung abwärts in den Schanzgraben, danach etwas unübersichtlich, aber gut bez. empor zum **Hut**, 838 m, einem markanten Granitturm. Eben nach Südwesten zu einem Aussichtspunkt, danach hinab in einen Sattel, ca. 820 m, mit der Mandlstein-

straße (Parkplatz). Jenseits nach Südwesten hinauf zu einer Verzweigung und dort nach rechts zu querendem Weg. Diesen wenige Meter steil nach rechts (Norden) hoch zur Gedächtniskapelle am Fuß der Gipfelfelsen. Über Absätze und eine Holzbrücke auf den Gipfel des **Mandlstein** (874 m; Gedenkkreuz).
Von der Kapelle den Steig unterhalb der Gipfelfelsen nordwestwärts hinab zum **Mandlsteintor** und auf dem **»Diabsweg«** weiter, später über Wiesen zum »**Würgelhäusl**« und nach **Göllitz**, 626 m. Links ausholend zu einigen **Steinquadern** aus der Rodungszeit und in den Graben des Göllitzbaches. Jenseits auf Forstweg nach Norden hinauf zur Staatsgrenze und weiter zum **Piberschlägerweg**. Diesen nach rechts (Osten) neben einem Bach dahin, später durch die Felsen des **Hölltores**, schließlich über Wiesen zur Straße Pyrabruck – Heinrichs, die traversiert wird. Auf Feldweg nach Südosten zum eingangs erwähnten Friedhof und die Dorfstraße nach rechts in das Zentrum von **Heinrichs**.

Das »Würgelhäusl«, das Haus des ehemaligen Henkers.

49 Naturpark »Blockheide Eibenstein-Gmünd«

Alle Schönheiten des Waldviertels vereint

Großeibenstein – Gmündner Höhe – Teufelssteine – Christophstein – Mondteiche – Pilzstein – Großeibenstein

Talorte: Gmünd, 485 m, Stadt im nördlichen Waldviertel. Großeibenstein, ca. 480 m, Dorf nördlich von Gmünd.
Ausgangspunkt, Parkmöglichkeit: Großparkplatz im Ortsgebiet von Großeibenstein, 2 km von Gmünd.
Gesamtgehzeit: 1¾ Std.
Anforderungen: Leichte, bequeme Wanderung auf bez. Promenadenwegen.
Höhenunterschiede: 100 m im An- und Abstieg.
Höchster Punkt: Pilzstein, ca. 550 m.
Einkehrmöglichkeiten: Jst. Blockheide (keine Nächtigung; von Ostern bis 31. Okt. offen, kein Ruhetag). In Großeibenstein: Ghf. »Zur Blockheide« (keine Nächtigung; vom 15. bis 31. Aug. geschlossen, sonst immer offen; Di. Ruhetag). In Grillenstein: Ghf. Traxler »Schüsselwirt« (keine Nächtigung; vom 1. bis 15. Juli geschlossen, sonst immer offen; Mo. Ruhetag).
Hinweis: Die Wanderung kann bei gleichem Zeitaufwand auch von dem am Stadtrand von Gmünd gelegenen Ortsteil Grillenstein unternommen werden.

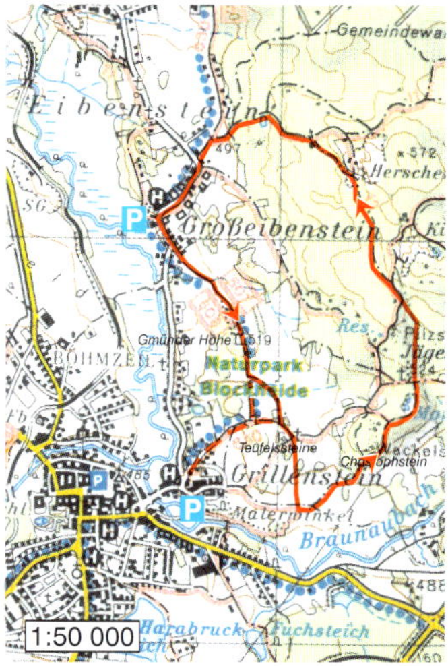

Es gibt nichts im Blockheidepark, was sich nicht auch anderswo im Waldviertel fände! Buntes Heidekraut, skurril geformte Felsblöcke, Fischteiche und malerische Birkenbestände: sie sind nun einmal Charakteristika dieser herben Plateau- und Granitlandschaft im nördlichen Niederösterreich. Doch nur selten gibt es das alles auf einem Fleck, so konzentriert und auf so engem Raum vereint wie in diesem Naturpark bei Gmünd und Eibenstein. Klar, daß hier eine Würdigung dieser wohl beliebtesten Waldviertel-Wanderung nicht fehlen darf, führt sie doch mühelos und wie im Zeitraffer eine der schönsten Landschaften Europas vor Augen.
Vom **Parkplatz** die Großeibensteiner Straße südostwärts durch den Ort, dann links die Blockheidestraße nach 100 m zum Eingang 2 in den **Blockheidepark**. Auf bez. Fahrweg eben fort und aufwärts (rechts **Wackelstein** und **Koboldsteine**) zur **Gmündner Höhe**, 519 m, mit Jausenstation, Spielplatz und Aussichtsturm.

Der charakteristische Christophstein im Südteil des Blockheideparks.

Jenseits hinab zum **Blockheideteich** mit der **Hubertuskapelle** und am rechten Ufer zu einer Teilung. Links am Südufer des Teichs ostwärts zu neuerlicher Verzweigung und dort rechts zum **Geologischen Freilichtmuseum** (Anschliffe der wichtigsten Waldviertler Gesteinsarten), danach auf Fahrweg nach links zur Teilung beim **Schwedenkreuz**. Nun nach rechts zu den **Teufelssteinen** (**Teufelsbett, Teufelsbrotlaib, Schullerstein**), genau am Meridian 15 Grad östlicher Länge. Auf bez. Fußweg südwärts über Wiesen zu einem Fahrweg und diesen linkshaltend, nordostwärts, zum mächtigen **Christophstein** am Waldrand. An der folgenden Teilung (links der »Granitbearbeitungslehrpfad«) rechtshaltend auf Waldweg zu den beiden **Mondteichen** (mit der »Steinmetz-Unterstandshütte«).

Nun in Nordrichtung zu einem Fahrweg und diesen links zur Verzweigung beim **Jägerkreuz**. Auf Fußweg nach rechts aufwärts zum originellen **Pilzstein**, danach zum Fahrweg Nr. 5b. Auf ihm zum Standort des früher größten Granitsteins der Heide, der 1897 gesprengten **»Lutherischen Kirche«** und zum **Kirchenwaldsteinbruch**. Geradeaus zu einer Forststraße und diese linkshaltend nach **Großeibenstein**.

50 Von Litschau nach St. Peter

Wanderfreuden nahe der tschechisch-österreichischen Grenze

Litschau – Hörmanns – Saaß – St. Peter – Steingarten – Obere Saaß – Litschau

Talorte: Litschau, 531 m, am Südufer des Herrensees gelegene nördlichste Stadt Niederösterreichs. Hörmanns, 521 m, Dorf am Nordende des Herrensees.
Ausgangspunkt, Parkmöglichkeit: Der Stadtplatz im Zentrum von Litschau.
Gehzeiten: Litschau – Hörmanns ¾ Std., Hörmanns – St. Peter ¾ Std., St. Peter – Obere Saaß ¾ Std., Obere Saaß – Litschau ¾ Std.; Gesamtgehzeit 3 Std.
Anforderungen: Leichte Wanderung auf unbezeichneten Straßen, Feld- und Güterwegen.
Höhenunterschiede: 130 m im An- und Abstieg.
Höchster Punkt: Kirche St. Peter, 619 m.
Einkehrmöglichkeiten: Strandbad-Restaurant (keine Nächtigung, Sommerbewirtschaftung) in Litschau. Ghf. Friedrich (keine Nächtigung; ganzj. geöffnet; Mo., Di. und Do. Ruhetag) in Hörmanns.
Sehenswertes: Der romantische Höllgraben 3 km südlich von Litschau, an der Straße nach Gmünd. Dachsengraben und Richterteich nordwestlich von Hörmanns.
Hinweis: Lohnend ist eine Umrundung des Herrensees auf guten Promenadenwegen. Zeitaufwand 1 Std.

Wer Litschau, die nördlichste Stadt Niederösterreichs, besucht, denkt an den Herrensee, an gepflegte Uferpromenaden und an das schöne Strandbad dort. Doch ist auch für Wanderer gesorgt, denn es gibt verträumte Wege, romantische Winkel, Waldtäler mit sprudelnden Bächen und moosüberzogenen Granitblöcken. Wir nehmen das nur wenige Kilometer von Österreichs Nordgrenze entfernte Kirchlein St. Peter aufs Korn. Das ist nun fürwahr eine Tour zu einem besonderen Ort, wobei es sich lohnt, an klaren Herbsttagen zu wandern, allein mit sich selbst und der Natur...

Vom Ghf. Kaufmann am **Stadtplatz in Litschau** 50 m nach Norden zum Südufer des **Herrensees**. Rechts den **Ostuferweg** Nr. 08, 20 und 608 im Wald nach Norden zu einem Pavillon, dann durch das Strandbad-Gelände und weiter zum Nordende des Sees. Dort nicht über die Reißbachbrücke, sondern rechts vom Bach zu einer Asphaltstraße und diese nach **Hörmanns**, 521 m. Nach der Ortsendetafel rechts ab und den Fahrweg Nr. 15 über den

Kastenitzerbach, dann über Felder nach Osten aufwärts zu einer Straße. Auf ihr weiter zu den Höfen von **Saaß** und dort auf Asphaltstraße nach links empor zu dem auf einer Anhöhe stehenden Kirchlein **St. Peter**, 619 m.
Zurück nach **Saaß** und dort die Straße südwärts zu einer Verzweigung. Links den Fahrweg Nr. 14 durch Wald in Südostrichtung hinauf zu den Feldern von **Steingarten**. Den Fahrweg im Wald scharf nach links zu großen Granitblökken (**Hutstein**, **Teufelsstein, Opferstein**) am Waldrand. Nun auf Feldweg nach Süden abwärts zu einer Straße und diese rechts zu den Höfen **Obere Saaß**. Auf Güterwegen über Felder nach Südwesten zu einer Anhöhe mit Teilung. Nach rechts (Westen) zum Waldrand und dort an einem Bildstock (Steinbank) vorbei zu einer Verzweigung. Links über Wiesen in Südwestrichtung abwärts, dann, die Straße Litschau – Schandachen kreuzend, durch eine Mulde hinab nach **Litschau** .

Das Alte Schloß in Litschau.

Stichwortverzeichnis

Die Zahlen sind keine Seitenangaben, sondern beziehen sich auf die Tourennummern oder Notizen im Abschnitt »Wissenswertes von A bis Z« (= WS). Begriffe wie Gasthof, Hotel, Jausenstation, Vordere, Untere usw. sind nachgestellt.